MW01701746

Basic cooking

Cuisine italienne entre copains

Pasta,
risotto,
antipasti,
eccetera...
les vraies
saveurs de
la dolce vita

SOLAR

Cornelia Schinharl Sebastian Dickhaut

Basic cooking

Sommaire

Note au lecteur : la fréquence de mots italiens authentiques dans cet ouvrage doit favoriser votre compréhension du texte. Elle permet, en effet, votre immersion immédiate dans la culture culinaire transalpine. Ainsi, afin de faciliter votre lecture de l'ouvrage, les mots italiens n'ont pas été mis entre guillemets, et leur orthographe comme leur marque de pluriel ont été respectées. Buon appetito !

Soyez italien

Niente di più

Rêver de l'Italie, c'est d'abord avoir le goût du basilic, puis de l'huile d'olive. L'eau des spaghetti bouillonne, et nous croyons entendre le doux murmure de la Méditerranée bleue et scintillante. L'ail dégage son arôme dans la poêle tandis que nous nous faisons rouler un vino rosso dans la bouche ; alors, l'envie nous prend de caresser des yeux les collines de Toscane. Et lorsque, enfin, nous passons à table, dans une ambiance chaleureuse et animée, c'est toute la péninsule qui se retrouve dans les arômes et les saveurs de notre assiette fumante.

Vivre à l'italienne embellit tout : les repas, la vie et… nous-mêmes. Attablés dans notre cuisine devant une simple assiette de spaghetti Napoli, nous avons déjà l'impression d'être en vacances. Encore quelques gouttes de balsamico dans la salade, et nous voilà en plein cuore dell' Italia. Pas besoin de lire un guide ni de prendre des cours de langue. La gastronomie, la bonne chère et le bon vin nous initient à la culture italienne.

Et puis, chacun de nous a déjà quelques mots d'italien sur le bout de la langue : « Pasta, pizza, salame, espresso… » Ajoutez un peu d'accent : « Polentina, focaccia, salsicce, ristretto… » Non hai capito ? Vous allez bientôt tout comprendre avec cet ouvrage entre les mains : un guide culturel culinaire pour mener la dolce vita chez vous. Avec des histoires de pasta et de caffè. Avec des recettes de Mamma, de Nonna et de tante Lucia. Tout porte à croire que la vie en Italie n'est qu'un immense repas au cours duquel le soleil brille en permanence.

Alors, bonnes vacances. Et n'oubliez pas : restez simple. Soyez italien. Niente di più. Rien de plus.

basic

Ce qu’il faut savoir

Mercato italiano

Si tu demandes à Caroline, la Parisienne, de quoi ses enfants raffolent à table, elle répondra quelque chose comme : « Des tortellini » ou « des spaghetti ». Si tu interroges Eva, de Francfort, sur l'endroit où elle va volontiers déjeuner, elle répondra : « Chez l'Italien. » Et si tu regardes dans l'assiette de Peter, de Seattle, tu peux être sûre d'y trouver un morceau de pizza. Tu as peut-être du mal à le croire, Italie bien-aimée, mais tu es une puissance culinaire mondiale. Comment y es-tu parvenue ?

BELLA ITALIA
Sa tradition d'import-export avec le monde entier.
Ses entreprises familiales millénaires.
Une devise : « Connais ce qu'il y a de meilleur. Prends ce qu'il y a de meilleur. Donne ce qu'il y a de meilleur. »

Les Italiens ont toujours fait preuve d'inventivité... Lorsque quelque chose leur plaît, où que ce soit dans le monde, ils le rapportent chez eux, l'améliorent et le revendent. L'Amérique leur a un jour fait cadeau de la tomate et du café. Qu'en ont-ils fait ? Eh bien, aujourd'hui, les Italiens installés aux États-Unis ne connaissent que les pelati (tomates pelées) venant de chez eux et boivent de préférence du café espresso. Comme on les comprend quand on connaît le café américain insipide ! Pour vraiment cuisiner italien, ce sont les ingrédients qui priment. Les indispensables sont présentés dans les pages suivantes.

FRANCIA
Mozzarella
di

Tomates

Ail

Spaghetti

Olives

Vin rouge

Citron

Amaretti

Basilic

17

ingrédients indispensables

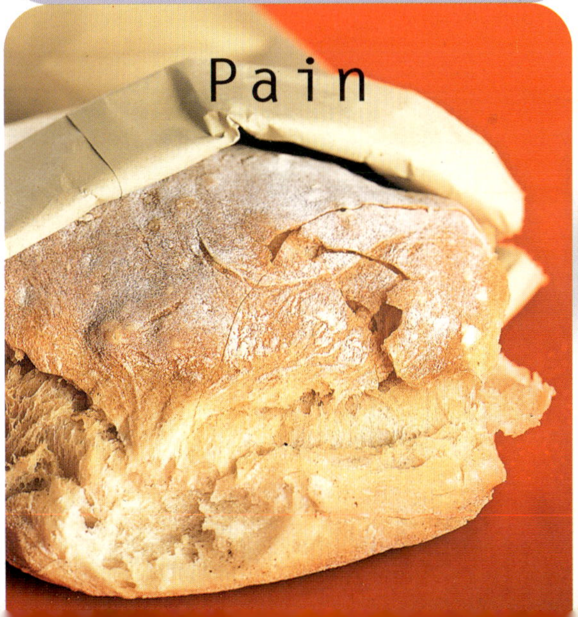

La mozzarella

Si vous refusez d'admettre que la mozzarella est un fromage, faites un saut dans une laiterie de Campanie : vous y verrez comment le lait de bufflonne est caillé puis pétri et étiré. Conservées dans de l'eau salée, les boules de mozzarella fraîche sont plus fermes à l'extérieur qu'à l'intérieur, et leur arôme s'accorde avec la tomate, le basilic et la meilleure huile d'olive. Comment ? Vous n'avez pas le temps d'une petite visite en Italie ? Alors, demandez de la mozzarella di bufala à votre fromager. Et s'il n'en a pas, contentez-vous de celle au lait de vache. Elle est parfaite pour les pizzas, entre autres.
Voir « Formaggio », page 17.

La tomate

ital. pomodoro
Difficile d'imaginer que les Italiens aient pu se passer de tomates jusqu'à la découverte de l'Amérique, car nul ne s'y entend mieux que les Napolitains pour mettre les pelati (tomates pelées) en boîte avec leur jus. Au point qu'on en trouve même en Australie ! Quant aux tomates vertes – ou « pommes d'or » –, elles illustrent magnifiquement le talent des Italiens pour améliorer les produits et faire profiter de leurs découvertes au monde entier. Si vous ne me croyez pas, laissez-vous tenter par une salade de tomates vertes : c'est divin. Mais préférez celles qui ont poussé en pleine nature, au soleil.
Voir « Les tomates pelées en boîte », page 59.

L'ail

ital. aglio
Présent sur tout le pourtour méditerranéen, l'ail est un ingrédient incontournable de la gastronomie italienne. On l'utilise dans pratiquement tous les plats de la péninsule – hormis les desserts, évidemment. L'ail s'accorde avec la tomate, le basilic, le pain, les olives, l'huile d'olive, le parmesan, les peperoncini, les pignons de pin, le vin rouge, les anchois, les spaghetti, le citron, le salami et les tomates séchées. Bref, tous les produits (à l'exception des amaretti) de cette page et de la suivante.

Les spaghetti

La terre fournit le blé, qui, moulu et mélangé à de l'eau, se fait pâte. L'air sèche la pâte et sur le feu naît le cinquième élément : le spaghetti, la pâte alimentaire qui transforme en or tout ce qui l'accompagne, et fait la fortune des trattorie et des éditeurs de livres de cuisine. N'hésitez pas, faites briller cet or de mille feux avec des truffes, des scampis, de l'huile d'olive. Que les choses soient claires : les pâtes sont arrivées d'Arabie en Italie, en passant par la Sicile et Naples, bien avant que Marco Polo, au XIIIe siècle, ne rapporte des nouilles de Chine.
Voir « Pasta », pages 12-13 et 56.

L'olive

ital. oliva
Qui a bien pu avoir l'idée que l'on pouvait manger les olives ? Un grand optimiste. En effet, elles sont si amères à l'état cru que les mettre en saumure pouvait paraître insensé. Sans doute la nature s'en est-elle mêlée : on peut imaginer que quelques olives noires mûres, tombées par hasard dans une flaque d'eau de mer, ont un jour donné, sous l'effet du soleil, ce qu'on obtient aujourd'hui avec la technique de la salaison : de délicieux petits fruits désamérisés. Cela dut tellement plaire que certains décidèrent de les faire mariner, de les farcir et de les épicer. Pour les apprécier pleinement et jusqu'au bout, n'oubliez pas d'en sucer le noyau.

Le vin rouge

ital. vino rosso
Que l'on se trouve dans le restaurant italien du coin ou sur les collines toscanes, un verre de vin rouge suffit pour donner la sensation de la dolce vita. Toutefois, si la vigne s'accommode à merveille du soleil d'Italie, le vin qu'elle fournit est rarement employé dans la cuisine du pays. Il y remplace parfois le vinaigre dans la salade, ou mieux il est utilisé pour allonger un sugo, mais il reste inhabituel dans les plats carnés, car les viandes à vin rouge, comme le bœuf et l'agneau, y sont rares. Les Italiens préfèrent donc boire leur vin pendant et après le repas, et c'est le plus souvent du rouge.
Voir « Vino », page 22.

Le citron

ital. limone
Si vous n'avez plus de vinaigre chez vous, vous n'allez tout de même pas presser des raisins et les faire fermenter pour obtenir du vin, lequel, transformé et aéré par des bactéries, donnerait du vinaigre. Vous n'avez qu'à presser un citron, tout simplement !
Si le citron n'existait pas, il faudrait l'inventer. Il est toujours frais... et délicieux avec les herbes aromatiques, la salade, le poisson, les câpres, les olives ou les anchois, ou encore avec de l'eau gazeuse, en limonata. Son zeste est également un bon condiment.
Chercher les différentes recettes à « citron » dans l'index page 164.

Les amaretti

Malgré leur nom et leur saveur, les amaretti ne contiennent pas d'amaretto. L'arôme de ces macarons italiens provient à l'origine des amandes amères entrant dans leur composition, souvent remplacées aujourd'hui par des amandes de noyaux d'abricot. Comme il est impossible de n'en manger qu'un, le mot n'a pas de singulier. En voici la recette de base : montez 3 blancs d'œufs en neige et incorporez-y 150 grammes de sucre. Ajoutez 350 grammes d'amandes en poudre et un flacon d'extrait d'amande amère. Formez des petits tas sur une tôle à four recouverte de papier sulfurisé. Laissez sécher une journée et faites cuire 1/2 heure au four à 140 °C.

Le basilic

ital. basilico
Une histoire comme nous les aimons : Christophe Colomb s'embarque pour les Indes mais découvre l'Amérique et rapporte en Europe la tomate, délicieuse avec le basilic. Et d'où vient le basilic ? Des Indes, d'où il est parti il y a plus de quatre mille ans. Le basilic adore la tomate, et vice versa, mais aussi la mozzarella, l'olio, le vino rosso, la pizza margherita, et il est incontournable dans le pesto. Tout le monde raffole du basilic, bien qu'il perde rapidement ses qualités, surtout s'il fait chaud. Pour le conserver longtemps, mettez les feuilles dans un bocal avec du sel et couvrez-les d'huile d'olive.

17 ingrédients indispensables

Le peperoncino

Ce petit frère diablement relevé de la famille des peperoni se laisse également appeler « diavolo ». Frais, ce piment peut être adouci, à condition de lui retirer ses graines et ses filaments blancs. Séché, il est encore plus fort, surtout s'il cuit longtemps avec les autres ingrédients. Et attention si vous vous en mettez sur les mains : si vous avez le malheur de vous frotter les yeux, vous allez hurler de douleur ! D'ailleurs, les Italiens ont une devise à propos du peperoncino : « Aroma adagio. » Ce que l'on pourrait traduire approximativement par : « Allez-y doucement. »

Le parmesan

ital. parmigiano, grana
Un peuple qui a inventé le balsamico et les tomates séchées ne peut aromatiser ses plats avec n'importe quoi. Il prend le meilleur lait, en fait de grosses meules et les affine à l'air pendant des mois, voire des années. Il obtient ainsi un fromage à pâte pressée qu'il utilise râpé ou en copeaux. S'il s'agit de lait de vache de la région de Parme ou de Reggio Emilia, l'affinage dure entre un an et demi et deux ans et le fromage prend l'appellation de « Parmigiano Reggiano ». Vous pouvez le remplacer par un grana padano de la plaine du Pô, affiné six bons mois, ou par un pecorino, fabriqué dans le Sud avec du lait de brebis ou de chèvre.

L'anchois

ital. acciuga
L'omniprésence de l'anchois dans la gastronomie italienne est due aux Romains de l'Antiquité, qui employaient comme principal condiment le « liquamen », une saumure fermentée provenant de poissons salés. Les très bons anchois d'aujourd'hui sont toujours salés pour produire, par « dégorgement », la saumure dans laquelle ils sont conservés – excellent ingrédient pour aromatiser les plats de pâtes et les ragoûts, mais en quantité modérée, comme pour la sauce de poisson asiatique. Pour les pizzas et les salades, rincez bien vos anchois, ou choisissez-en une version plus douce conservée dans de l'huile.

Les pignons de pin

ital. pinoli
Lorsque Dieu créa l'Italie, il devait être d'humeur facétieuse : il cacha sa meilleure huile dans des olives, ses truffes au tréfonds des montagnes et ses courgettes au diable vauvert, en Amérique ; ensuite il envoya les Italiens à une chasse au trésor culinaire. Après qu'ils eurent fini par extraire les délicieux pignons des pommes de pin, Dieu hocha la tête et dit : « Je le savais, bravo ! » Mais quand ils lui servirent sa première assiette de spaghetti pesto, il en fut abasourdi : « Ça, je ne le savais pas, bravissimo ! » Et ce furent alors les Italiens qui hochèrent la tête.

Le salami

au sing., salame
Ce qu'il y a de bien avec le salami, c'est qu'on voit tout de suite s'il n'est pas bon. Car, contrairement à un saucisson normal, il n'est pas haché, malaxé, plongé dans l'eau bouillante et introduit dans un boyau plus ou moins naturel qui masque l'intérieur. Jamais un Italien ne ferait ça ! Il hache finement du lard et de la viande, sale l'ensemble, le met dans un boyau de qualité et le suspend pour qu'il sèche à l'air libre. Il peut alors découper dans le salami de très fines tranches appétissantes où blanc et rouge sont bien séparés.
Voir « Salami », page 16.

L'huile d'olive

ital. olio d'oliva
Les Espagnols en produisent plus, les Grecs depuis plus longtemps, et les Californiens s'y sont mis aussi. Mais les Italiens font la meilleure huile d'olive et savent s'en servir pour arroser, rôtir, mariner, assaisonner, etc. En Italie, les produits ont meilleur goût qu'ailleurs. L'huile, par exemple, a un vrai goût d'olive. Il faut avoir deux sortes d'huiles d'olive à la maison : l'une à la saveur pas trop marquée pour les salades, les pâtes, la viande et les poissons fins, et l'autre, plus forte, pour les antipasti relevés et les plats de poisson ou de viande plus corsés.
Voir « Huile d'olive », page 18.

Le pain

ital. pane
Aussi sûr qu'il y a des arbres dans la forêt, il y a toujours du pain blanc sur les tables des Italiens. Mais attention ! Pour manger votre pain comme eux, vous ne devez pas le couper en tranches mais en morceaux. Celui qui beurre du pain blanc commet un sacrilège. Et celui qui aime le pain italien de la veille n'a rien compris à l'Italie. Quant à celui qui, lassé, ne veut même plus entendre parler du pain blanc italien, un peu d'air frais lui fera sans doute le plus grand bien…

Les tomates séchées

ital. pomodori secchi
Si le monde entier s'en est entiché depuis une dizaine d'années, l'Italie, elle, les connaît depuis toujours. Dans le sud du pays, les tomates sont exclusivement séchées au soleil. Les olivettes coupées en deux sont salées pour que l'eau s'évapore rapidement, puis séchées à demi (douces) ou totalement (plus intenses). Notre recette : faites-les tremper 2 heures dans trois parts d'eau pour une part de vinaigre rouge. Épongez. Mettez dans un bocal avec de l'ail, du basilic, des câpres, de l'huile d'olive et vissez le couvercle. Laissez macérer au moins une semaine.

Pâtes (pasta)

Juste un peu d'eau et du blé ? « Très bien, dirent les Italiens, nous en tirerons quelque chose de bon. »

Les Anglais ont inventé le football, les Allemands l'automobile et les Américains le fitness. Les Italiens, eux, ont pris le temps de réfléchir à la façon d'améliorer ces trouvailles et ont tout réinventé avec le style et la passion qui les caractérisent. Aujourd'hui, le monde entier veut jouer au football comme les Italiens, conduire à leur manière et avoir une aussi bonne santé qu'eux. Mais, attention, si la devise du bien-être méditerranéen est « Attendre plutôt que faire vite », elle ne s'applique pas aux pâtes.

Au commencement était le blé : cette céréale fut considérée comme une providence par nombre de civilisations, car elle pouvait apaiser leur faim. Les Chinois et les Arabes eurent l'idée d'aplatir la bouillie originelle, de la couper et de la faire cuire à l'eau. Plus tard, les Italiens apportèrent leur pierre à ce noble ouvrage : le sud du pays confectionnait de fines nouilles de blé dur tandis que le nord réalisait des lanières plates avec cette pâte à laquelle étaient parfois ajoutés des œufs. Puis l'affaire fit le tour de la « botte », et des générations de mammas, de cuisiniers et de fabricants ambitieux créèrent des pâtes de toutes formes. Lorsqu'ils eurent atteint le nombre de trois cents variétés, ils invitèrent le reste de la planète à partager leurs agapes. Vous connaissez la suite...

Aujourd'hui, les pâtes sont les vedettes des tables du monde entier : les enfants adorent les spaghetti, les gourmets les tagliatelle à la truffe, les sportifs prennent des forces grâce aux rigatoni al burro. Quant aux diététiciens, d'abord sceptiques, ils ont dû se rendre à l'évidence : accompagnées de tomate, d'huile d'olive et de vin rouge, elles font le succès du « régime alimentaire méditerranéen », unanimement applaudi. Et tout cela grâce à un peu de blé, d'eau, et parfois d'œuf ? Bravo, les Italiens ! Mais pourriez-vous nous en dire un peu plus ? Merci.

Pâtes sèches

Ce sont les pâtes que l'on trouve dans les rayons non réfrigérés des supermarchés. Ces « pasta secca » sont fabriquées avec de la semoule de blé dur et de l'eau. Les grains de blé dur renferment une grande quantité d'amidon et de gluten. Moulus, additionnés d'eau et pétris, ils forment un réseau fin et stable dans lequel l'amidon du blé se fixe à merveille. La pâte obtenue, à la fois ferme et élastique, est facile à modeler et à sécher. La semoule de blé dur s'obtient en broyant les grains selon une granulométrie de deux à trois fois supérieure à celle de la farine, car des spaghetti – pasta secca des plus classiques – fabriqués avec de la farine de blé dur gonfleraient trop à la cuisson et deviendraient spongieux et collants. Les premiers spécialistes italiens des pâtes alimentaires au blé dur furent les Siciliens, aidés par leurs relations avec les Arabes. Les Napolitains s'employèrent à perfectionner le produit. Contrairement aux autres régions du Nord, seuls ces têtus de Ligures, à la fois montagnards et marins, adeptes de l'huile d'olive, choisirent de fabriquer leurs pâtes avec du blé « durum ».

Pâtes fraîches

Elles doivent leur finesse aux œufs qui entrent dans leur composition. Ce sont les Italiens du Nord qui eurent l'idée d'en ajouter à leur préparation, pour remplacer le blé dur qui leur faisait défaut (ils n'avaient que du blé panifiable, dont la teneur en protides ne permettait pas de stabiliser la pâte). En Italie, les « pasta fresca » aux œufs sont toujours fraîches, ce qui n'est pas le cas partout dans le monde. Cela signifie qu'elles n'ont pas été totalement séchées et qu'elles cuisent donc plus rapidement – mais aussi qu'elles s'abîment plus vite puisqu'elles contiennent des œufs et de l'eau (jusqu'à 30 %, contre 12,5 % dans les pâtes sèches). En Italie, les pasta fresca ne sont en vente que le jour de leur fabrication. Celles que l'on trouve au rayon frais des supermarchés ont été traitées par la chaleur. Si les pâtes n'ont été exposées qu'une fois à la chaleur et si elles sont emballées sous vide, elles se conservent entre trois et cinq semaines. Et si, une fois emballées, elles sont de nouveau exposées à la chaleur, elles se conservent jusqu'à trois mois au frais. Les pasta fresca, plus riches et plus savoureuses que les pasta secca, conviennent bien aux sauces et aux généreux arômes du Nord. Les plus typiques sont les lasagne et de nombreuses pâtes plates, des pappardelle aux tagliatelle.

Pâtes farcies

Les ravioli et les tortellini, qui contiennent déjà une garniture, s'accompagnent généralement d'un simple morceau de beurre ou d'un peu de sauce tomate. Ce sont presque tou-

jours des pâtes fraîches, plus faciles à travailler et séchant moins vite. À l'origine, elles servaient à accommoder les restes : on les farcissait avant de les faire cuire dans une soupe. Depuis elles ont acquis des lettres de noblesse et constituent aujourd'hui des plats très raffinés, à condition que leur garniture soit bonne. Vous trouverez aussi bien de délicieux ravioli à la ricotta et aux épinards, dont la recette est indiquée en page 72, que des tortellini sous vide farcis d'une préparation difficile à identifier.

Cuire les pâtes

Pour 100 grammes de pâtes, faites bouillir 1 litre d'eau dans un récipient qui sera rempli aux trois quarts. Pour 500 grammes, vous utiliserez un faitout d'une contenance d'au moins 6 litres, qui ne doit pas nécessairement être lourd et coûteux, mais suffisamment haut pour y plonger des spaghetti.

Pour plonger les spaghetti dans l'eau bouillante, procédez comme avec un jeu de mikado : prenez-les à deux mains, posez leur base sur le plan de travail pour former un petit fagot, plongez celui-ci à la verticale dans l'eau et lâchez tout. Si tout se passe bien, les spaghetti se répartiront tout autour des parois du récipient. Dès que leur base commencera à ramollir, appuyez sur les spaghetti jusqu'à ce qu'ils soient entièrement immergés. Remuez avec une cuillère en bois et salez. Dès que l'ébullition reprend, réduisez le feu. N'oubliez pas de remuer de temps en temps. Plus les pâtes sont fraîches et fines, plus court est leur temps de cuisson : comptez quelques minutes pour les ravioli frais et plus de dix pour les rigatoni secchi. Aux trois quarts du temps de cuisson, prélevez une pâte pour la goûter : si elle est encore dure et farineuse, prolongez la cuisson d'une minute et goûtez à nouveau. Lorsqu'elle est « al dente » – tendre à l'extérieur mais encore ferme à l'intérieur –, c'est prêt. Égouttez. Vous pouvez conserver un peu de l'eau du récipient pour réchauffer les assiettes ou le plat (ou, mieux, égoutter les pâtes au-dessus du plat) et pour allonger la sauce de façon qu'elle soit bien onctueuse. N'oubliez jamais que, même égouttées, les pâtes chaudes continuent de cuire.

Il n'est pas recommandé de rincer les pâtes à l'eau chaude pour arrêter la cuisson et ôter l'amidon. Procédez à l'italienne : mettez-les tout de suite dans le plat, nappez-les de sauce, mélangez avec soin, et apportez-les immédiatement à table ; elles ne colleront pas. Vous pourrez ainsi vous dispenser du filet d'huile dans l'eau de cuisson, qui empêche la sauce de bien adhérer aux pâtes cuites. Sinon, à quoi bon vous être donné tant de peine ?

Semplicissimo

Pâtes maison

Confectionner leur pâte est simple. Comptez 4 œufs pour 400 grammes de semoule de blé dur (ou de farine). Ajoutez une cuillerée à café de sel et de l'huile. Pétrissez le tout dans un robot ou à la main. La pâte doit être souple et homogène. Ramassez-la en boule, enveloppez celle-ci d'un linge et laissez reposer. Pétrissez à nouveau, divisez en quatre portions, remettez-en trois dans le linge, et abaissez la quatrième aussi finement que possible. Découpez et modelez la pâte, le cas échéant. Procédez de la même façon pour les autres portions. Il existe un laminoir spécial pour abaisser la pâte, mais tout néophyte peut très bien s'en sortir avec un rouleau à pâtisserie sur une surface farinée. Laissez les pâtes sécher quelques heures sur une grille, un râtelier de séchage ou les manches de cuillères en bois, ou bien faites-les cuire sans attendre.

Dans la famille Pasta

Longues et fines

Spaghetti : pasta secca fines, de 25 à 50 centimètres de longueur. Les spaghettini sont plus fins, les spaghettoni plus épais.
Capellini : pasta secca extra-fines. Les capelli d'angelo (cheveux d'ange) sont les plus fines de toutes.
Fusilli bucati : pâtes longues en forme de ressort, torsadées autour d'un bâton.

Longues et plates

Pappardelle : pasta fresca larges, en ruban, délicieuses avec les ragoûts.
Tagliatelle : pâtes en ruban du Nord, fresca ou secca. Appelées, selon la taille et la région, tagliatellini, tagliatini, taglierini, tagliolini, taglioni.

Fettuccine : tagliatelle du Sud. Se présentent souvent sous la forme de nids.
Linguine, *bavette :* fins rubans.
Trenette : intermédiaire ligure entre les spaghetti et les pâtes en ruban. Étroites et plates, bord parfois dentelé. Classiques avec du pesto.

Longues ou courtes, mais creuses

Maccheroni, *maccaroni*, *macaroni :* désignaient autrefois toutes les pasta secca, aujourd'hui seulement les spaghetti creux.
Ziti : gros macaroni longs ou courts.
Penne : pasta secca creuses et biseautées. Les lisce sont lisses, les rigate striées.
Rigatoni : gros tubes striés.
Cannelloni : très gros tubes à farcir.

Autres formes

Conchiglie : coquilles creuses, petites ou grosses.
Farfalle : en forme de papillon.
Fusilli : spirales autrefois modelées autour d'une aiguille à tricoter.
Orecchiette : en forme d'oreille.

Risotto, polenta, gnocchi

Comment tout dire en quelques lignes sur le risotto, la polenta et les gnocchi ? Il faudrait des pages...

Ah, ces Italiens ! Après avoir manipulé le blé de toutes les façons possibles, ils ont inventé les pâtes. Enfin, non contents de leur découverte, ils ont trouvé le moyen de les faire cuire de la façon la plus simple qui soit. Ils améliorent toujours les produits et n'ont de cesse qu'ils n'aient atteint la perfection. Ainsi ont-ils transformé le riz en risotto et la semoule de maïs en polenta. Même avec les pommes de terre, ils ne pouvaient pas faire comme tout le monde : ils ont inventé les gnocchi. Qui s'en plaindrait ?

Risotto

Avec du riz, que peut-on faire de meilleur qu'un risotto ? Absolument rien, si l'on en croit nos Transalpins. Le risotto est le lit le plus confortable qui soit pour toutes sortes d'ingrédients, comme le jambon de Parme, le parmesan, les asperges, le safran, les truffes, etc. Mais comment prépare-t-on un bon risotto ? « Burro ! Vino !! All'onda !!! » me crie-t-on de toutes parts. Il est temps d'éclaircir la situation.

Experts en matière de blé dur, les Arabes connaissaient également le riz. Après avoir transité par la Sicile et l'Espagne, cette céréale parvint finalement jusqu'à la péninsule où les Napolitains, absorbés par leurs pâtes et leurs pizzas, s'en désintéressèrent et l'envoyèrent plus loin vers le nord. Les petits grains ronds furent plantés dans la plaine du Pô et, peu après, le risotto vit le jour.

Contrairement aux pâtes, il était impossible de changer la forme du riz. Les Italiens s'appliquèrent donc à diversifier ses emplois, ce qui les mena naturellement à l'invention du risotto. Car la qualité spécifique du riz à grain rond est de sécréter de l'amidon lors de sa cuisson tout en restant ferme. La question à résoudre était donc : comment obtenir un équilibre parfait entre le grain al dente et la consistance crémeuse produite ? Alors, comment fait-on ? « Burro ! Vi... » Silenzio ! Commençons par le commencement.

Risotto classico

C'est la méthode employée par les spécialistes lombards du risotto, ainsi que dans les recettes de cet ouvrage (à partir de la page 82). Faites fondre un oignon dans de la matière grasse (souvent du beurre, rarement de l'huile), puis ajoutez le riz non lavé (arborio ou vialone, rarement carnaroli) et laissez-le étuver jusqu'à ce qu'il soit transparent. L'amidon produit forme une sorte de roux. Mouillez avec du vin ou du bouillon (veau, volaille, légumes, parfois poisson), et remuez jusqu'à évaporation.

Couvrez ensuite le riz de bouillon en ébullition et laissez mijoter sur feu moyen tout en remuant. Mouillez à nouveau de bouillon et laissez évaporer. Il est important de remuer et de faire cuire à petite ébullition pour que l'amidon gonfle.

Continuez ainsi jusqu'à ce que l'équilibre soit atteint : un grain ferme et une consistance crémeuse. Les montagnards aiment le risotto pratiquement en bouillie (très cuit), tandis que les habitants du littoral l'aiment détrempé, comme une soupe. Pour parachever le plat, incorporez de la matière grasse (beurre, crème ou mascarpone) et du fromage (parmesan ou pecorino). Apportez le risotto à table sans attendre qu'il se fige.

Risotto « all'onda »

Très apprécié en Vénétie, il s'agit d'un risotto de la consistance d'une soupe, qui forme des vaguelettes (« onde ») lorsqu'on secoue le récipient. Il se cuit comme le classico mais nécessite une plus grande quantité de bouillon, dans laquelle le riz est littéralement noyé.

Risotto « tranquillo »

On l'appelle ainsi car son mode de cuisson reflète le rythme tranquille du Piémont, sa région d'origine. Tout commence comme un risotto classico, puis les choses se précipitent : il faut verser le bouillon en une seule fois et couvrir. Inutile de remuer. On ne remue que 2 minutes à la fourchette, une fois la matière grasse et le fromage incorporés, pour bien répartir l'amidon gonflé dans tout le risotto. Le riz employé est de préférence du vialone ou du carnaroli. Le résultat est très crémeux. C'est le risotto préféré de tante Lucia (voir page 80).

Polenta

Après la découverte de l'Amérique, le maïs devint très populaire, et le nord de l'Italie sut en profiter, en créant cette bouillie à la fois rassasiante et délicieuse. Auparavant, la polenta à base de sarrasin était déjà fort nourrissante, et avec l'arrivée du maïs elle a pris une belle couleur dorée. Après séchage, les grains de maïs riches en amidon sont moulus en semoule. Comme ils contiennent moins de gluten et plus d'amidon que le blé, la polenta doit cuire plus longtemps, ce que permet la semoule de maïs moyenne (celle qui est fine ayant vite fait de former des grumeaux, tandis qu'une semoule plus grosse doit être remuée en permanence).

On fait cuire la polenta dans un faitout haut (pour éviter les éclaboussures) à fond épais (pour qu'elle n'attache pas). Il y a deux méthodes : la classique, qui nécessite de remuer longtemps, est la meilleure pour la « polentina » (voir recette ci-après). Pour la polenta à gratiner et à griller, la méthode de base est plus facile et tout aussi savoureuse.

Méthode de base : faites chauffer l'eau jusqu'à ébullition et versez la semoule en pluie en remuant avec une cuillère en bois. N'attendez pas la reprise de l'ébullition : baissez le feu, couvrez et laissez cuire 10 minutes. (Dans le cas de plaques électriques, réduisez le feu avant de verser la semoule.) Maintenez la chaleur à un niveau très bas (vous pouvez même éteindre la plaque), et laissez gonfler 10 minutes pour la semoule fine, 20 minutes pour la grosse semoule. C'est tout. Il n'y a pas de grumeaux et le fond n'a presque pas attaché. Étalez la polenta sur une planche, laissez-la refroidir, puis découpez-la en morceaux comme il vous plaît. Pour ce qui est de la pasticciata (page 89), on la découpe en rectangles.

Gnocchi

Ces « petites quenelles » du nord de l'Italie ont beaucoup en commun avec leurs cousins les Knödel, spécialité du sud de l'Allemagne et de l'Autriche. Comme eux, les gnocchi se composent de pomme de terre, de semoule, de farine, de pain ou de fromage frais, et ils sont moulés en forme de petites quenelles : difficile de faire plus simple. Mais les Italiens, cette fois encore, ont su porter l'art des gnocchi à la perfection.

Leurs expériences ayant vite démontré que les gnocchi les plus proches des pâtes étaient ceux aux pommes de terre, ils leur consacrèrent dès lors tous leurs soins et toute leur attention. De parfaits « gnocchi di patate » ne se composent que de pommes de terre et de farine, ou de semoule, et sont donc très aromatiques. Les œufs ne pourraient que les gâter. La recette de base est présentée page 86.

Toutes les variétés de gnocchi se cuisent de la même façon : pochés dans l'eau à petite ébullition. Une fois qu'ils sont cuits, au bout de 10 minutes environ, ils remontent à la surface et peuvent alors être sortis à l'aide d'une écumoire. Après les avoir égouttés, on les met en règle générale directement dans l'assiette sans autre cérémonie. On les agrémente le plus souvent d'une garniture toute simple en faible quantité : beurre fondu à la sauge, parmesan, jambon, sauce tomate légère ou jus de viande.

Semplicissimo

Polentina

Cette polenta souple comporte moins de semoule et se sert en entrée ou en accompagnement. Pour 4 à 6 personnes, faites bouillir 1 litre de liquide (bouillon pur ou mélangé avec du lait). Versez en pluie 200 grammes de semoule de maïs et commencez à remuer. Réduisez le feu et continuez à agiter, toujours dans le même sens. Au bout de 10 minutes vous pouvez faire une pause, le temps d'avaler deux gorgées de vin. La règle d'or est que plus la polenta sera remuée longtemps, plus elle sera souple. Comptez 20 minutes au minimum, 30 étant préférables ; les gourmets en veulent 45 et les puristes 60 pour la grosse semoule. Incorporez 50 grammes de beurre ramolli et 50 grammes de fromage râpé (séparément ou fondus ensemble), comme pour le risotto. Le beurre noir et le parmesan sont bons aussi.
Vous pouvez également faire cuire la polentina dans du petit-lait, ou l'en arroser dans l'assiette.

Dans la famille Risotto

Arborio, avorio : le riz à risotto le plus populaire. Cuit au moins 15 minutes, au plus 25 minutes. Sécrète 20 % d'amidon.
Vialone nano : le riz à risotto typique. Cuit 15 à 20 minutes. Sécrète plus de 23 % d'amidon.
Carnaroli : variété préférée des gourmets, c'est un hybride de vialone et de riz rond japonais. Cuit environ 20 minutes et sécrète plus de 24 % d'amidon tout en restant al dente.
Riso comune, ordinario : riz ordinaire, de moins de 5,2 mm de longueur, destiné aux soupes, aux grosses quantités, etc.
Riso semifino : riz ayant les qualités indispensables pour le risotto. 5,2 à 6,4 mm de longueur.
Riso fino : riz rond de 6,4 mm de longueur. Bon pour le risotto.
Riso superfino : comme le riso fino, mais d'une teneur en amidon encore plus appropriée au risotto. Le meilleur.

Dans la famille Polenta

Polenta nera, polenta di grano saraceno : polenta « noire » à la semoule de sarrasin.
Polenta bianca : polenta « blanche » à la semoule ou à la farine de blé. Pour les desserts.
Polenta concia : polenta souple au maïs, avec du lait, du beurre et du fromage.

Dans la famille Gnocchi

Gnocchi di patate, gnocchi alla piemontese : gnocchi aux pommes de terre. Recette page 86.
Gnocchi alla romana : pâte à la semoule découpée à l'emporte-pièce puis gratinée au four.
Malfatti, strangolapreti, strozzapreti : gnocchi aux épinards. Selon la région, pâte faite avec de la farine ou du pain et/ou de la ricotta. Recette page 88.

Charcuteries… (salumi…)

Monter d'abord la tente ? Rien ne presse. Prenez d'abord des forces : salame, prosciutto, formaggio. Ensuite, les vacances pourront commencer.

Enfin à destination ! Après deux heures de montée vers le col du Brenner, puis six heures d'autoroute pour redescendre jusqu'à la côte, voici le camping. Les cigales stridulent, les pins chauffés par le soleil dégagent leurs senteurs, et vous avez vue sur la mer. Il vous manque juste de quoi vous alimenter. Heureusement, on trouve une épicerie à l'entrée du camping... Monter d'abord la tente ? Piano, piano. Rien ne presse : d'abord salame, prosciutto, formaggio. Ensuite, les vacances pourront commencer !

Salami et compagnie

Un Français, un Italien et un Américain se rencontrent. Le Français dit : « Nous fabriquons des centaines de saucissons différents » et demande à l'Américain s'il aime la rosette de Lyon. « Je ne connais que le salami », répond celui-ci. L'Italien, lui, ne dit rien mais jubile intérieurement. Pourquoi le salami jouit-il d'une telle notoriété ? Parce que les Italiens ont fait subir au saucisson le même sort qu'aux pâtes : les meilleurs ingrédients et le mode de préparation le plus simple qui soit. Le vrai salami sera toujours bon car il s'adapte à tous les produits et à toutes les situations.

Par nécessité, les Italiens du Nord furent parmi les premiers à s'intéresser aux différentes possibilités d'emploi de la viande de porc. Frustrés de devoir manger en un seul hiver la chair d'un animal engraissé pendant des mois, ils décidèrent de mélanger viande et gras, d'ajouter du sel, d'introduire la préparation dans un boyau, et de suspendre le tout au bon air de la montagne. Le sel déshydrata la viande, privant ainsi les bactéries de leur élément vital, et le peu d'eau restante s'évapora à l'air sec ; la matière grasse se chargea alors de transmettre les nouveaux arômes obtenus à toutes les rondeurs du saucisson. Ainsi inventèrent-ils le plus célèbre saucisson du monde, et de plus, grâce à cette technique, ils purent consommer de la viande en été.

Néanmoins le saucisson italien connaît aujourd'hui le même sort que les pâtes quelques décennies auparavant : hors de la péninsule, il est rare que l'on en connaisse plus de quatre variétés, en tête desquelles vient toujours le salami. Pourtant, l'Italie peut s'enorgueillir d'une cinquantaine de sortes de saucissons différentes. Et si l'on tient compte de toutes les variantes élaborées à partir des mêmes ingrédients de base, on fabrique entre Aoste et Palerme plus de 500 types de saucissons séchés à l'air selon la même méthode que le salami. Leurs noms sont aussi variés que leurs formes, mais leur composition est similaire : de la viande de porc maigre, entre 25 et 40 grammes de sel par kilogramme de chair crue (qui réduira d'environ un tiers au cours du séchage), du poivre, du poivron ou du peperoncino, et souvent de l'ail et du vin. Ce qui fait principalement la différence, c'est la taille des morceaux de viande, plutôt petits dans le Nord (dans le salami milanais, par exemple), et assez grossiers dans le Sud. La seconde différence majeure provient de la nature de l'air auquel sèchent ces saucissons. À l'origine, les Italiens laissaient à la nature le soin de décider, selon la région, la chaleur, l'humidité et la force des vents, les arômes que développerait leur produit. Mais lorsqu'ils commencèrent à exporter leur salami vers le vaste monde, ils s'intéressèrent au climat et optèrent pour une méthode : laisser sécher le saucisson quelques heures ou quelques jours à des températures estivales ; puis de quelques jours à deux semaines à 20 °C, jusqu'à ce que l'extérieur soit sec et se couvre de la moisissure destinée à le protéger jusqu'à sa consommation ; enfin de trois à six mois à 15 °C maximum. Pendant toute l'opération, le degré d'humidité et la nature de l'air changent de nombreuses fois. C'est à son terme, et alors seulement, que peut être dégusté le meilleur salami qui soit. Il se conserve presque éternellement, comme les pâtes.

Prosciutto

Vous demandez du prosciutto dans un magasin. Cotto ou crudo ? vous interroge-t-on. Cuit ou cru ? Le crudo est presque toujours du jambon de Parme ou de San Daniele, deux variétés fabriquées avec les meilleures épaules de porc que l'on puisse trouver en Italie. Frottées de sel marin, après quelques mois de repos et de traitement, elles sont mises à sécher à l'air durant neuf à quinze mois. Et comme cet air est particulièrement sec, aromatique et hyposodé, que ce soit dans les provinces de Parme et d'Émilie-Romagne ou dans la bourgade de San Daniele, ce sont les plus magnifiques jambons du monde.

Le prosciutto est encore meilleur quand il est coupé en tranches très fines et consommé le plus vite possible après l'achat. Il se mange froid, à la température du réfrigérateur, ou réchauffé au soleil, où il « sue » sans perdre sa matière grasse. S'il est d'excellente qualité, il est tendre comme du beurre, presque sucré (« dolce »), et dégage un merveilleux arôme de forêt et d'animal. L'idéal est de l'accompagner de pain blanc italien ou de grissini – mais jamais, au grand jamais, de beurre ! Enfin, il est délicieux avec des fruits peu acides tels que melon, figue, raisin et poire.

Formaggio

En matière de fromages, les Français n'ont rien à envier au reste du monde. Mais en ce qui concerne les fromages frais ou affinés, il faut bien se rendre à l'évidence : personne n'y excelle au même degré que les Italiens. La mozzarella et le parmesan en font foi, et la cuisine italienne sait en tirer profit. Encore une fois : Viva l'Italia !

Aucun des fromages italiens n'a d'origine identifiée : pour un type donné, les noms varient autant d'une région à l'autre que la durée d'affinage nécessaire pour les mener à maturité. Voici quelques indications d'âge : un très jeune fromage est « giovane », « fresco » ou « nuovo », un fromage affiné quelque temps est « stagionato » ou « vecchio », un fromage affiné longtemps est « stravecchio », et le plus âgé de tous est « stravecchione » – qui est le préféré des amateurs véritables. Dans les recettes de cet ouvrage, nous n'utilisons que les qualités de fromages les plus connues (hors d'Italie) et les plus faciles à trouver sur le marché.

Dans la famille Salumi

Salumi : charcuterie. S'achète dans une salumeria.
Salame : salami.
Salame genovese : surtout du bœuf, un peu de porc, le reste en lard. Un peu relevé, brièvement séché.
Salame fabriano : porc et bœuf, peu de lard, fortement salé et poivré, sans ail.
Salame felino : porc et lard, un peu salé, arôme doux et parfumé.
Salame milano : celui de Milan. Autrefois au porc et à l'ail, aujourd'hui fabriqué avec de fins morceaux de porc, de bœuf et de lard à parts égales, auxquels est ajouté un peu d'ail. Format plus petit : milanino.
Salame napoletano, Napoli : porc, bœuf et lard à parts égales, grossièrement coupés, beaucoup de sel et d'ail, et du peperoncino. Légèrement fumé avant le dernier séchage, il ne présente pas de moisissure externe. Utilisé pour les pizzas également, comme sa version plus petite, la salamella Napoli.
Finocchiona, salame toscano : salami de viande de porc aromatisé au fenouil.
Sopressata, sopressa : saucisson pressé. Peut se composer de pièces de viande nobles ou de « chutes ». Pur porc ou pur bœuf, coupé en gros ou en petits morceaux. Fumé, séché ou cuit.
Salsiccia, luganega : saucisse de porc de 3 à 4 centimètres d'épaisseur, courte ou longue, crue, légèrement fumée (à consommer avec du pain ou à cuire) ou fumée.
Cotechino : saucisson de porc avec couenne, à faire cuire très longtemps. Accompagne les haricots et le bollito misto.
Zampone : semblable au cotechino, présenté dans du pied de porc.
Mortadella : saucisson de porc, de veau et de lard aromatisé à la pistache. Son diamètre peut atteindre celui d'une roue de Vespa.
Prosciutto cotto : jambon cuit.
Prosciutto di Parma : jambon de Parme et d'Émilie-Romagne séché à l'air entre 12 et 15 mois (ou plus). Sa maturation est surveillée de très près.
Prosciutto San Daniele : jambon en forme de mandoline, dont la maturation, aussi contrôlée que celle du jambon de Parme, dure environ 9 mois avant qu'il puisse être mis en vente.
Coppa : échine de porc salée, roulée, pressée et séchée à l'air.
Bresaola : viande de bœuf ou de sanglier salée, pressée et séchée à l'air.
Pancetta : morceau étroit de poitrine de porc poudré de poivre et séché à l'air.

Dans la famille Formaggio

Parmesan, grana, pecorino et mozzarella ont été traités à part dans les pages 8 à 11. Sauf mention contraire, les fromages ci-dessous sont au lait de vache.

Ricotta : fromage frais (ricotta tipo dolce) issu de petit-lait de vache chauffé. Existe aussi en version salée (ricotta salata), souvent affinée. Parfois, mais rarement, fait avec du lait de brebis (ricotta di pecora).
Mascarpone : crème fraîche entière épaissie par égouttage.
Provolone : fromage à pâte filée, dont le caillé est arrosé d'eau bouillante, pétri, moulé en forme de cône, de cylindre ou de boule, souvent plongé dans la cire et affiné. Peut être fumé.
Robiola : petit fromage rond de la forme d'un camembert. La version la plus connue est affinée et à croûte orange. Mais il s'achète également frais.
Taleggio : fromage à pâte molle, gras, présentant quelques plaques de moisissure, souvent carré, parfois au lait cru.
Asiago : l'asiago d'Allevo, au lait écrémé et entier, est à pâte pressée et affinée. L'asiago pressato et l'asiago grasso di Monte sont plus gras et affinés quelques semaines seulement.
Fontina : fromage à pâte pressée cuite, au lait cru, qui fond bien.
Montasio : fromage au lait cru qui peut être affiné de quelques semaines à un an.
Bel paese : fromage à pâte pressée non cuite, moelleuse.
Gorgonzola : fameux fromage à pâte persillée (dolce : doux ; piccante : fort).

Assaisonnements (aromi)

Tout ce qui est frais et naturel est forcément bon ? Ce n'est pas toujours si simple.

Le Sud s'entend lui aussi à créer des chefs-d'œuvre à partir de presque rien. Nous faisons référence, notamment, à la formule « repos et maturation », grâce à laquelle l'Italie produit certaines des meilleures substances aromatiques naturelles de la gastronomie mondiale. L'huile d'olive, par exemple : elle ensorcelle la moindre tranche de pain et, quand elle est associée à de l'aceto balsamico, n'importe quelle salade devient une œuvre d'art. Pour fonctionner, ces sortilèges doivent faire l'objet d'une préparation soignée. Mais, au bout du compte, c'est la fraîcheur et le naturel qui font le goût.

Huile d'olive

Assez plaisanté. Après nous être divertis de nos petites histoires de pasta, de risotto, et autres plats typiques nés au fil du temps dans la cuisine rustique italienne, il faut maintenant passer aux choses sérieuses, à la diva : l'olio d'oliva ! Dès l'Égypte ancienne... des arbres de plus de mille ans... cueillette manuelle, bien entendu. Giovanni, à Lucques, nous réserve toujours sa première bouteille, à l'arôme végétal et aux nuances de violette et de tomate verte, d'avocat aussi en finale. Comment ? Vous ne connaissez pas l'« olio extra vergine classico imbottigliato Grand Cru pizzica la gola » ? La meilleure huile d'olive, c'est comme le meilleur vin : un produit presque sacré qui soulève des murmures d'admiration. Purement méditerranéenne, chacune de ses gouttes est une ode au bon goût et transporte de joie. Hélas ! tout le monde n'a pas accès à la vergine pressée goutte à goutte à partir des excellentes olives frantoio. Il faudrait pour cela que l'on cultive encore cet olivier au Brenner et dans le Forum Romanum, et aussi dans tous les endroits disponibles du monde. Pas de regret cependant : ce ne serait plus la meilleure huile d'olive italienne.

Alors, que faire à défaut du *nec plus ultra* ? Opter pour le « deuxième choix » : une très bonne huile d'olive, celle des mammas de Toscane, que l'on trouve chez les bons épiciers. Par « très bonne », nous entendons une huile d'un prix raisonnable et ayant le goût de l'olive : fruitée, âpre, ronde et encore légèrement verte. Qu'elle présente des arômes de foin ou de fleur, de noix ou d'amande est une autre affaire. Quant au « prix », il est évident que cette huile est un peu plus chère qu'une huile végétale ordinaire. Certaines coûtent toutefois à peine plus cher et sont idéales pour la cuisson. Tout comme l'huile de maïs, encore meilleur marché.

Si l'huile d'olive coûte un peu plus cher que les autres, c'est parce qu'elle provient de fruits frais et non de grains, et que les olives sont beaucoup plus fragiles que le maïs. Vertes et amères avant leur maturité, elles prennent une couleur noire et un arôme puissant lorsqu'elles l'atteignent. Pour fabriquer l'huile, on n'emploie que celles de couleur bleu-vert, qui sont arrivées à un stade de maturation intermédiaire. De ce fait, elles doivent être cueillies à la main, en s'aidant de bâtons ou d'une machine qui secoue les branches, méthode la plus fréquente. Très fragiles, elles commencent à fermenter si elles sont abîmées, ce qui amoindrit la qualité de l'huile. Les agriculteurs étendent donc des filets sous les arbres pour amortir leur chute.

Mais quand bien même elles ne sont pas abîmées, les olives commencent rapidement à fermenter et doivent donc être amenées le plus vite possible au pressoir (délai idéal : 24 heures ; délai maximal : 2 à 3 jours). Les noyaux et la pulpe sont alors broyés en pâte, mais, le risque de fermentation étant toujours là, le pressurage ne peut attendre. Selon la méthode traditionnelle, on extrait de la pâte son jus huileux, puis on sépare l'huile de l'eau par centrifugation ou décantation. Dans la presse, la chaleur peut atteindre la température corporelle. Avec la méthode moderne, le pressurage et la centrifugation ont lieu simultanément et sont facilités par un léger réchauffage à 20 °C.

Vient alors la récompense pour tout ce mal que l'on s'est donné : le repos et le plaisir. L'huile est prête. Pas besoin de filtration, ni de rinçage ou de produits chimiques. Ne restent que les tests de dégustation pour attribuer les mentions « extra vergine », catégorie la plus élevée, ou « vergine ». Ces normes européennes s'appliquant principalement à la teneur en acidité de l'huile, elles ne renseignent qu'indirectement sur sa qualité. Une acidité trop élevée indique que les fruits n'étaient pas frais ou en mauvais état et qu'ils avaient commencé à fermenter.

Dans ce cas l'huile doit être raffinée, comme la plupart des huiles végétales, mais n'a pas grande saveur. Mélangée avec de l'huile vergine ou extra vergine, elle peut prendre la désignation de « 100 % huile d'olive ».

Enfin, bien des producteurs recourent à une possibilité offerte par la législation européenne : importer des olives d'autres pays et les presser pour produire une vraie huile d'olive italienne. Mais ces longs voyages subis par les fruits rebutent les puristes.

Ces huiles sont vendues dans des magasins spécialisés. Outre la mention « extra vergine », si l'étiquette indique la provenance de l'huile et des olives, elle est digne de confiance. « Mais chaque variété d'olive fournit une huile différente, direz-vous. Le sol, le climat, la topographie, tout compte. » C'est exact. Précisons quelques notions de base. L'huile du Nord, dont celle de Ligurie et du lac de Garde, est tendre et florale – excellente pour la cuisine fine. Celle du Sud a longtemps été médiocre car on laissait les olives mûrir et tomber d'elles-mêmes de l'arbre. Elles ne convenaient qu'à l'huile raffinée. Aujourd'hui, le Sud sait produire une huile plus savoureuse, herbacée et pleine de soleil. Bien entendu, elle ne vaut pas celle de Toscane, dans laquelle se cache toute l'Italie : douce, florale, ensoleillée, herbacée, élégante, rustique, merveilleuse, mystérieuse. Et donnant ce petit quelque chose dans la gorge : la « pizzica la gola ».

Mais ce n'est pas tout : l'huile d'olive est bonne pour la santé. Bienfaisante pour le sang et le cœur, elle fournit au corps quantité de vitamines A et E. Mais ne vous méprenez pas. Vivre à l'italienne ne vous rendra pas immortel. Les Italiens consomment depuis toujours de l'huile d'olive parce qu'ils l'aiment et non pour être en bonne santé. Ce serait là le secret du bien-être méditerranéen, c'est connu.

Aceto balsamico

L'aura qui entoure l'huile d'olive n'obère en rien le culte du vinaigre balsamique. Autrefois, ses grands prêtres le produisaient dans des combles où, année après année, ils faisaient leurs petits mélanges de substances secrètes, jusqu'au jour où ils pouvaient livrer quelques ampoules de leur élixir noir aux gourmets trépignant d'impatience. Toujours produit selon la méthode traditionnelle, l'aceto balsamico tient de l'alchimie ; tout ce avec quoi il entre en contact (ne serait-ce qu'un peu) se transforme en or : salade, risotto, scaloppine, fromage, fraises, liqueur. Mais pour chaque goutte de balsamico produite naît quelque part dans le monde un litre de moins bon vinaigre. La bonne alchimie cède la place à la magie noire, pour ainsi dire. Trêve de poésie, voici les faits.

Le « tradizionale »

Vous ne trouverez pas d'aceto balsamico tradizionale en supermarché, même en Italie. C'est une denrée rare. Chaque millilitre coûte environ 1/2 euro et peu d'entre nous pourraient en consommer tous les jours. Car ce sont le lieu géographique et le temps qui font d'un vinaigre balsamique un « tradizionale ». Produit seulement dans les provinces de Modène et de Reggio Emilia, il est issu de raisins de vendanges tardives et doit être élevé au moins douze ans avant de subir un contrôle de la part des unions de producteurs locales.

Le moût sucré est mis à fermenter de quelques heures à plusieurs jours, puis repose tout l'hiver en vue de sa clarification. Il est alors transféré dans un premier fût dont le dessus est ouvert. L'alcool se transforme en vinaigre, dont une partie s'évapore tandis que le reste absorbe l'arôme du bois. Lorsqu'il est suffisamment aromatique, il est décuvé vers un second fût, plus petit, où s'effectue la même opération. Eccetera. Après douze années de passage de fût en fût (entre trois et douze) faits de différents bois, le tradizionale est prêt à être embouteillé en flacons de 10 centilitres. Il faut 2,5 kg de raisins pour obtenir 1,5 l de vinaigre. Mais sa saveur étant très prononcée, quelques gouttes suffisent pour aromatiser un plat.

Le « normale »

Produit dans la province de Modène uniquement, l'aceto balsamico di Modena est vendu dans les supermarchés. Mais qu'il ait ou non un goût balsamique dépend du producteur. Car, à l'inverse du tradizionale, le balsamico normal ne subit aucun test de dégustation, ce dont nombre de fabricants savent profiter – par exemple en colorant du vinaigre de vin avec du caramel ou en lui incorporant du jus de fruits. Un bon balsamico normal est un tradizionale légèrement « accéléré », puisque le moût contient souvent déjà du vinaigre de vin. Mais, comme lui, il est fermenté et élevé plusieurs années. Un excellent « normale » peut coûter 1/2 euro à 1 euro le centilitre. En tout état de cause, un vinaigre balsamique coûtant moins de 5 euros le demi-litre peut être un bon vinaigre, mais pas un bon balsamico élaboré dans les règles de l'art.

Vinaigre de vin rouge

Un bon vinaigre de vin authentique donne de la vigueur aux salades italiennes et rehausse nombre de plats de viande. Il est fait de bon vin rouge, dont l'alcool est converti en acide acétique sous l'action de bactéries en atmosphère oxydante, c'est-à-dire au contact de l'air. On l'allonge ensuite d'eau car le vinaigre pur n'est guère consommable. Qu'un autre vinaigre soit ajouté avant la fermentation n'est pas mauvais en soi, mais le résultat n'est plus un authentique vinaigre de vin rouge. En revanche, élever le vinaigre en fût de bois après la fermentation est une bonne chose.

Dans la famille Olio d'oliva

Huile d'olive vierge extra, olio extra vergine : huile pressée à froid à partir d'olives fraîches et contenant moins de 1 % d'acide oléique.
Huile d'olive vierge, olio vergine : comme la vierge extra, mais 2 % d'acide oléique au maximum.
Huile d'olive, olio miscelato : mélange d'huile d'olive raffinée (parce qu'elle n'a pas atteint la qualité de vierge) et d'huile d'olive vierge ou vierge extra.
Première pression : huile directement pressée à partir des fruits. Opération obligatoire pour l'huile d'olive vierge et l'huile vierge extra.
Pressée à froid : huile dont le pressurage a été effectué à moins de 40 °C. Obligatoire pour l'huile d'olive vierge ou vierge extra. Une température comprise entre 35 et 37 °C est idéale.

Dans la famille Aceto

Aceto balsamico tradizionale : vinaigre de vin de Modène ou de Reggio Emilia, qui doit être élevé au moins douze ans pour obtenir le sceau de qualité des unions de producteurs.
Aceto balsamico di Modena : « appellation » non protégée pour le vinaigre de Modène, qui peut être très bon mais aussi très trafiqué...
Vrai vinaigre de vin : vinaigre composé uniquement de vin.
Faux vinaigre : vinaigre composé de vin et d'un autre vinaigre.

Viva
la dolce vita !

Quelle excellente journée ! Je ne sais plus quand je suis allée au marché avec un tel plaisir, la dernière fois. Ce devait être avec maman, quand j'habitais encore chez mes parents. Je devrais faire cela tous les samedis.
Et ce basilic, il sent vraiment bon, n'est-ce pas ? Jusque dehors. Je me réjouis déjà de me mettre en cuisine... Mais pas tout de suite. Je veux tout d'abord savourer cette douce atmosphère. Et en attendant, je vais boire un petit verre, pour la mise en bouche.
J'ai bien l'intention de prendre mon temps. C'est aussi comme cela que je me prépare à bien accueillir mes invités de ce soir.
Allez, une dernière petite goutte et j'y vais.
Viva la dolce vita !...

Le bon vin (vino)

Bordeaux ? Riesling ? Pourquoi les Italiens achèteraient-ils un vin étranger ? Ils ont leur propre production.

Eh bien, nous avons passé tout ce temps à table ensemble et nous n'avons pas encore bu à notre fraternité. Enfin, au moins, nous nous tutoyons. C'est normal : regarder le contenu de l'assiette et de la cave d'autrui, cela crée une intimité. Voilà ce que nous avons constaté : tu ne mets pas de truffes dans tes pâtes, plutôt du parmesan – à condition qu'il soit frais. Et tu as dans ta cave des caisses vides car tu achètes du vin au fur et à mesure de tes besoins – et ce doit être du bon. C'est bien italien, ça. L'Italie élabore du vin depuis si longtemps qu'il est devenu à la fois une denrée alimentaire de base et un produit de médecine populaire. C'est pourquoi un bordeaux ou un riesling sont un peu déplacés sur une table italienne. Et fi des préjugés : il est faux de dire que les vins italiens ne riment qu'avec femmes et chansons. Ils sont délicieux pour accompagner toutes sortes de mets, tant ils sont variés. Qui prétend encore que la France est le plus grand pays viticole du monde ?

Trouver le buon vino

Que le litre à étoiles bon marché ne soit pas le vin approprié lorsqu'il s'agit de dolce vita, tout le monde le sait. C'est pourquoi il fait partie des espèces en voie de disparition, et ce n'est pas un mal. Cependant, des coopératives et des viticulteurs un peu plus malins que les autres ont veillé à le remplacer. Par exemple par du « pappagallo nero » à 6,50 euros, présenté dans sa belle bouteille d'un demi-litre à l'étiquette aguichante et au bouchon de designer, mais son intérêt s'arrête là. Et certains grands connaisseurs de se prendre à rêver : « Tu te rappelles, lors de notre premier séjour en Italie, quand nous sommes arrivés à ce mariage dans un village de montagne ? Il y avait ces bouteilles de vino rosso sur les tables. Je m'en souviens encore. Si virginal, si... »

Vous êtes chez votre caviste préféré, devant le rayon des vins italiens, et vous cherchez une bonne bouteille pour ce soir. Que choisir ? Quelque chose de bon, bien entendu. Mais comment savoir ce qui est bon ? En dégustant, évidemment. Au supermarché ? Non ! Vous choisissez un vin pas trop cher et vous le dégustez chez vous. Pour voir. Ne négligez d'ailleurs jamais les vins en cubitainer, qui réservent souvent de bonnes surprises. À condition, toutefois, de ne pas chercher un vin à boire avec un bon cigare. Ce serait du gâchis, pour le cigare. Même certaines bouteilles à 2,50 euros, portant des noms pitoyables comme « Ciao bella », peuvent être très sympathiques avec une pizza. À défaut, vous aurez juste perdu quelques euros. La belle affaire ! Mais si vous avez vu juste, vous aurez trouvé votre « vino di vita », votre vin de tous les jours.

Mais, avant de vous précipiter sur la première bouteille du rayon, jetez un coup d'œil sur les mentions des étiquettes. Le terme « secco », par exemple, qui signifie « sec », implique dans le Sud ensoleillé une plus grande douceur qu'en Europe centrale. Quant aux abréviations telles que la simple IGT ou la noble DOCG, elles expriment l'origine et la qualité du vin ; la première est purement administrative et la seconde gustative. La mention « superiore », quant à elle, est attribuée aux meilleurs vins, qui entrent dans la catégorie que nous avons baptisée « vini della dolce vita », nos vins des beaux jours (voir encadré page ci-contre).

Et les noms propres sur l'étiquette ? « Montepulciano », par exemple. Parlons un peu des régions viticoles italiennes. La principale est le Nord : les vinificateurs y sont très attentifs à l'égard de leurs produits et prêts à tout pour plaire aux connaisseurs. Le Piémont arrive en tête. Les vignerons y cultivent, sous le nez des Français, du nebbiolo pour produire les rouges barolo et barbaresco. Vers le nord-est, entre le Pô et le Brenner, se trouve en quelque sorte le laboratoire viticole du pays. Sur ces terres entourées de trois pays étrangers sont cultivés des cépages internationaux comme le chardonnay, le riesling, les différents pinots, le merlot, le cabernet et le sauvignon. Mais on y produit également des classiques comme le soave blanc et les rouges valpolicella et bardolino.

Le centre de l'Italie est aussi son cœur viticole. Les meilleurs raisins du pays poussent en Toscane, dans le Chianti à l'histoire trouble. Lorsque le chianti, dans sa fameuse bouteille entourée d'osier, devint un vin à la mode et donc cher, des viticulteurs avisés refusèrent d'entrer dans ce système et préférèrent qualifier leurs vins de simples « vini da tavola » (vins de table). Lorsque la situation redevint normale, ils reprirent l'appellation chianti en y ajoutant certaines mentions et adoptèrent la bouteille bordelaise classique : le vin le plus célèbre d'Italie était à nouveau l'un de ses meilleurs. Au chianti s'ajoutent deux autres rouges toscans : le brunello di Montalcino et le vino nobile di Montepulciano (qui n'a rien à voir avec le Montepulciano d'Abruzzo, dans les Abruzzes). Sur la côte du Latium, près de Rome, est produit le fameux blanc frascati.

Nous voici dans le Sud et ses îles. C'est de là que proviennent 40 % des vins de la péninsule, mais pas les meilleurs, qui sont l'apanage du Centre et du Nord. Dans la patrie d'origine du vin italien, le soleil brille si fort que la majeure partie des vignobles des Pouilles et de la Sicile produisent surtout des vins de masse destinés aux assemblages. Bien entendu, on y trouve aussi des vignerons qui se laissent séduire par la qualité plus que par les rendements, surtout en Sicile. Mais leurs bouteilles parviennent rarement jusqu'aux rayons des magasins situés hors d'Italie.

Boire le vin

La bouteille est maintenant chez vous, prête pour la dégustation. Si elle doit attendre longtemps, il ne faut pas la ranger en haut d'un placard de la cuisine : le vin déteste la chaleur. Mieux vaut la stocker dans un endroit frais et sec, par exemple sous un lit, ou mieux, à la cave, si vous en possédez une. Quant au réfrigérateur, il ne saurait être qu'un refuge provisoire pour les vins blancs, juste avant de servir, car à la longue le froid bloque les arômes. (Nous passons volontairement sous silence la méthode de réfrigération rapide au congélateur, peu orthodoxe, mais conseillons à ceux qui y auraient néanmoins recours de se servir du compte-minutes. Ainsi ne risqueront-ils pas de retrouver leur bouteille explosée...)

Dernier point, la température. Les vins italiens se servent légèrement plus frais que les autres : le spumante et le prosecco à 5 °C (dans la porte d'un réfrigérateur pas trop froid) ; les jeunes vins blancs que nous avons qualifiés de « vini di vita » (voir encadré ci-contre) à 8 °C ; et nos blancs « vini della dolce vita » à environ 10 °C. Quant aux rouges de tous les jours, on les sert à 15 °C, et nos rouges della dolce vita à 17 °C (débouchez-les environ 1 heure avant le repas).

Vins et mets

Que boire avec du poisson ? Ce que l'on veut. Tout est permis. Le chef d'un restaurant auquel nous avions demandé de nous recommander un plat nous avait ainsi répondu : « Chez moi, tout est bon. » Merci, maestro, mais cela n'est pas d'une grande aide. Voici donc un élément de réponse : de nombreux vins italiens, dont les très bons, sont faits pour être bus à table, et cela depuis des siècles. Au fil du temps, les Italiens ont donc eu toute latitude pour les accorder avec les spécialités culinaires de leur région de production. C'est pourquoi il est impossible de se tromper en servant un plat typique du Nord comme le risotto aux champignons avec un vin typique du Nord comme le barbera rouge. Ou encore un poisson cuit à l'huile d'olive toscane avec un vin blanc toscan comme le vernaccia di San Gimignano.

Dans la famille Vino

Dénominations

VDT (Vino da tavola) : vin de table sans origine ni millésime.
IGT (Indicazione geografica tipica) : vin millésimé provenant d'une région délimitée. Il en existe une centaine.
DOC (Denominazione di origine controllata) : vin millésimé d'origine contrôlée, dont la région de production, les cépages, la qualité des raisins et leur mode de culture, la vendange, le niveau d'alcool et d'acidité, le traitement, le stockage et l'élevage sont réglementés.
DOCG (Denominazione di origine controllata e garantita) : vin DOC assorti d'une garantie officielle. Il en existe 21.

Vino secco : vin sec.
Vino amabile : vin doux.
Vino dolce : vin très doux.
Vino classico : vin d'une région délimitée.
Vino scelto : vin de vendanges tardives.
Vino in vecchiato, riserva, superiore : vin élevé plus longtemps. La durée dépend du cépage.

Dans la famille « Vini di vita »

Nos vins de tous les jours

Blancs

Frascati : facile à boire, agréable (Latium).
Vernaccia di San Gimignano : frais, facile à boire mais élégant (Toscane).
Orvieto : floral, rond (Ombrie).
Prosecco : vin légèrement pétillant (frizzante) ou mousseux (spumante) issu du cépage prosecco (Vénétie).
Soave : léger, fruité, rafraîchissant (Vénétie).

Rouges

Barbera : hardi, fruité, complet (Piémont).
Bardolino : léger, un peu amer (Vénétie).
Chianti jeune : fruité, épicé, terreux (Toscane).
Montepulciano d'Abruzzo : sec, agréable, complet (Abruzzes).
Nebbiolo : âpre et fruité à substantiel (Piémont).
Valpolicella : substantiel (Vénétie).

Dans la famille « Vini della dolce vita »

Nos vins des beaux jours

Blancs

Arneis : plein de caractère, facile à boire (Piémont).
Gavi di Gavi : frais, élégant, fruité (Piémont).
Spumante : mousseux fermenté en bouteille. L'asti spumante est un mousseux doux.
Soave classico : soave vieilli.

Rouges

Barbaresco : robuste mais élégant et velouté (Piémont).
Barolo : lourd, velouté (Piémont).
Brunello di Montalcino : puissant, racé, souple (Toscane).
Chianti, mûr : souple, fin, élégant (Toscane).
Vino nobile di Montepulciano : riche, élégant, racé (Toscane).

Le vrai café (caffè)

« Ma spécialité italienne préférée ? L'espresso. Enfin… le café, bien entendu. »

C'est vraiment étrange : la denrée la plus italienne qui se consomme de par le monde est l'espresso, alors même que le pays ne produit pas un seul grain de café. D'ailleurs on ne parle pas d'espresso, en Italie : pour commander un petit noir dans un bistrot, on demande un « caffè », comme en France (où l'on obtient la même chose en demandant un espresso). Il peut être allongé de quelques gouttes de lait, d'eau ou d'alcool, et dans ce cas le breuvage obtenu prend un nouveau nom (voir encadré page ci-contre) – un principe typiquement italien, si l'on considère les multiples sortes de pâtes que l'on trouve dans la péninsule. En revanche, il n'est pas très italien de boire du café pour accompagner un gâteau. Les autochtones préfèrent quelque chose de plus fort, qui soit capable de défier le goût du café.

Connaître le café

Les Italiens du Nord revendiquent la paternité du café, qu'ils contestent aux Viennois, en invoquant le fait qu'ils ont introduit cette boisson en Europe. Selon eux, on le servait déjà place Saint-Marc bien avant que les Turcs abandonnent devant les portes de Vienne les fameux cinq cents sacs de moka qui donnèrent naissance à la culture des maisons de café autrichiennes. Mais il est vrai que les Autrichiens consomment plus de café que les Italiens. Et les Allemands encore plus. Et les Hollandais deux fois plus. Et les Finlandais trois fois plus. On peut donc s'étonner qu'il y ait si peu de cafés finlandais à Munich, Tokyo ou Sydney. C'est peut-être parce que les cafés italiens ont déjà accaparé toute la place disponible…

De même que pour les pâtes, le riz et les olives, c'est encore et toujours la même histoire : lorsqu'un bon produit tombe entre les mains des Italiens, ils le travaillent le temps qu'il faut jusqu'à obtention d'un résultat qui ne puisse être surpassé. Pour le café, ils emploient donc de l'arabica. Celui-ci, cultivé dans les hauteurs vertigineuses de la ceinture du café entourant l'équateur, est plus fragile et délicat que l'autre grande variété, le robusta, mais il donne un meilleur café : doux, aromatique, agréablement acidulé, et donc moins amer et rustique. Et l'arabica ne contient que 1 à 1,7 % de caféine, contre 2 à 4 % pour le robusta.

L'Italie importe ses grains de café d'Amérique centrale et du Sud, alors qu'ils sont encore « verts », afin qu'ils soient le plus frais possible et que le torréfacteur puisse en définir lui-même l'arôme. La première et plus importante étape est la sélection des grains et le mélange des variétés, avant la torréfaction, de façon à pouvoir déterminer plus tard le goût final. Un bon café doit contenir des grains d'arabica décortiqués et secs au goût plein et équilibré, mais également des grains « lavés », plus doux et acides. On trouve également dans le commerce des paquets contenant du robusta, moins coûteux. Aux États-Unis et en Australie, où l'on consomme surtout le caffè italien avec beaucoup de lait, en cappuccino ou caffèlatte, le goût prononcé du robusta permet de compenser la douceur du lait et d'équilibrer le mélange.

L'étape suivante est la torréfaction, opération de rôtissage qui dure en moyenne un quart d'heure et se déroule à des températures comprises entre 150 et 225 °C. Les grains deviennent des espèces de petits réacteurs dans lesquels les atomes d'arôme s'affinent de plus en plus et libèrent en même temps leur énergie. Pour qu'il conserve tout son goût, le café est ensuite empaqueté dans un manteau protecteur en métal (film d'aluminium ou boîte de fer), car emballé sous vide il en perdrait une partie en raison de l'air introduit. On peut ainsi le garder trois mois environ. Si un paquet est mou et souple au toucher, ne l'achetez pas : il a été percé et contient de l'air. L'emballage hermétique consiste à remplacer l'air par de l'azote, qui n'altère pas le café et permet de le conserver jusqu'à un an.

Bien entendu, les puristes achètent leur café en grains pour les moudre eux-mêmes, au fur et à mesure de leurs besoins. Nous autres paresseux préférons le faire faire par notre barista préféré (le « sommelier du café ») et rapporter le café tout moulu. La mouture d'un café peut être très fine, fine, moyenne ou grosse, selon le mode d'infusion souhaité : machine à espresso, cafetière à filtre, cafetière à piston, percolateur, etc.

Faire le café

La méthode de préparation la plus courante consiste à mettre la poudre dans un filtre en papier et à l'arroser d'eau bouillante (ce qui, d'ailleurs, est idéal pour le café au lait). La méthode italienne est un peu plus complexe puisqu'elle consiste à faire passer de la vapeur d'eau bouillante à travers la mouture dans un appareil sous pression, une invention locale qui date du début du xxe siècle. La cafetière en aluminium que l'on pose directement sur le feu procède du même principe : l'eau en ébullition de la partie inférieure passe sous haute pression à travers la mouture, absorbe toutes les substances aromatiques et gustatives possibles (c'est-à-dire davantage que par infusion), et le liquide obtenu redescend dans le fond de la cafetière.

La « macchina da caffè espresso », autrement dit le percolateur, est un système beaucoup plus élaboré. Pas question d'avoir chez soi un percolateur de professionnel, bien entendu, mais on ne se lasse jamais d'observer la maestria avec laquelle le manie un bon barista. Il met dans le filtre 6 à 7 grammes de café en poudre, soit l'équivalent de 50 grains, qu'il tasse bien pour plus de saveur. Il visse ensuite le filtre sous l'injecteur et actionne le gaz ou la pression – à 9 bars idéalement – qui envoie l'eau à 90 °C à travers la mouture en 30 à 35 secondes. Il caffè, va bene.

Cette pression brève mais forte a pour effet qu'aux substances gustatives déjà dissoutes par l'eau très chaude se lient les arômes les plus fins. Ceux-ci étant en grande partie contenus dans des huiles essentielles, le café subit un phénomène semblable à celui d'une mayonnaise que l'on monte : il s'épaissit, il prend du « corps ». Se forme alors une mousse comparable à la crème de lait et qui est sans doute ce qu'il y a de meilleur. Si cette mousse est de couleur noisette à brun-rouge, épaisse et persistante, et qu'elle recouvre sur environ un centimètre le café chaud, celui-ci est vraiment bien fait. De plus, il contient d'autres substances provenant des grains de café qui d'une part empêchent l'amertume sur la langue et, d'autre part, stimulent les bourgeons gustatifs de celle-ci. Voilà pourquoi le café est si persistant en bouche.

Boire le café

Se pose maintenant toute une série de questions importantes : comment, où, quand, avec qui et avec quoi boit-on un café ? Pour le « comment », c'est fort simple : très chaud, vite et sucré. À peine déposé sur le zinc il faut le porter à sa bouche, car chaque degré de chaleur perdu l'affadit. Le « vite » mérite lui aussi une explication. Pour ne pas se brûler, on a d'une part la possibilité d'ajouter de la crème, et de l'autre d'aspirer le nectar avec de l'air, ce qui le refroidit et renforce son goût à la fois. Sucrer son café (avec du sucre blanc, le plus neutre, n'en déplaise aux écologistes) en rehausse aussi le goût, et produit par ailleurs une réaction immédiate : la caféine produit son effet. Certains ne trouvent pas cet effet puissant idéal dès le réveil, au petit déjeuner. Ainsi, en début de journée, les Italiens préfèrent boire un cappuccino, dont le lait et la mousse atténuent les effets de la caféine. « Mais seulement au petit déjeuner ! » s'insurgeront les puristes en montrant du doigt les étrangers qui ont l'audace de prendre un cappuccino le soir.

Le meilleur moment pour boire son premier café se situe en fin de matinée, quand le biorythme ralentit sa cadence. Pour le second, l'idéal est bien entendu la fin du déjeuner, heure à laquelle un cappuccino pèserait un peu lourd sur l'estomac. Ensuite on peut s'offrir une autre petite tasse en fin d'après-midi, ce que font souvent les Italiens au bistrot en rentrant de leur travail. Mais qu'est-ce que ce petit verre à côté du café ? Ah, l'aperitivo, naturalmente. Mais seulement le soir, bien sûr. Tu me passes la *Gazzetta dello sport*, s'il te plaît ? Tu ne crois pas que tu devrais rentrer chez toi ? Ta femme a sûrement préparé le dîner et elle t'attend. Tt, tt… la dolce-machovita n'est plus ce qu'elle était. Bon, on se revoit après le digestivo, d'accord ? Va bene !

Dans la famille Caffè

Tout – ou presque – sur le café italien

Caffè : petit café noir obtenu en faisant passer brièvement de l'eau sous pression dans la mouture (appelé espresso dans le reste du monde).
Ristretto : espresso serré, court.
Doppio : double espresso.
Lungo : espresso allongé.
Americano : espresso très allongé.

Macchiato : espresso surmonté de mousse de lait, avec parfois aussi une goutte de lait
Caffè con panna : café viennois (additionné de chantilly).
Cappuccino : 1/3 de café, 1/3 de lait chaud et 1/3 de mousse de lait.

Caffèlatte : espresso servi dans un verre avec beaucoup de lait chaud, mais peu ou pas de mousse.
Latte macchiato : lait chaud mousseux versé lentement dans un verre d'espresso.

Caffè corretto : espresso additionné d'un peu de liqueur.
Caffè freddo : espresso glacé, généralement au lait et parfois accompagné de glaçons.
Granita al caffè : voir page 156.
Babychino : petite tasse d'espresso couvert de mousse de lait et de cacao en poudre. On l'appelle « Montebianco » à Rimini.

Espresso : ne désigne que la méthode de préparation du café.

Journée dolce vita

Se rendre la vie douce et délicieuse toute une journée ? Très volontiers !

Inutile de connaître le latin pour cuisiner italien, ni d'avoir une ribambelle d'enfants pour manger italien. Inutile, enfin, d'être italien pour dresser une table à l'italienne. On peut tout aussi bien s'appeler Louis ou Juliette et aimer la cuisine transalpine. Car la gastronomie de ce pays a cela de magique qu'elle peut transformer n'importe quelle place du monde en piazza, et faire d'un Louis un Luigi, d'une Juliette une Giulietta, eccetera. En effet, devant un plat de pâtes nous devenons tous italiens, membres d'une famille nombreuse descendant des anciens Romains. Ce phénomène porte un nom : c'est le miracle de la dolce vita, qui peut fondre sur nous dès la première gorgée d'espresso et durer toute la journée. Trop beau pour être vrai ? Nous vous emmenons vivre le plus beau jour de votre vie. Que les sceptiques nous suivent. En route pour la dolce vita !

Une journée de détente

S'il vous est déjà arrivé de passer toute une journée à ne faire que ce qui vous plaît, vous savez à quel point c'est agréable. Sinon, vous allez comprendre. Pour ne pas déplaire à votre patron et à vos collègues, choisissons un samedi. Même si certains travaillent ce jour-là, il y règne déjà un air de vacances qui n'a rien à voir avec le repos forcé du dimanche. C'est un peu comme le premier jour des congés annuels. Bien sûr, le samedi est également un jour d'obligations : laver la voiture, acheter des chaussures, chercher un appartement... Mais aujourd'hui, oublions tout cela et levons-nous de bonne heure. Prenons une douche, enfilons des vêtements à la fois chic et confortables, et sortons dans la rue... N'avons-nous pas cependant oublié quelque chose ? Si, ce moment qui, pour beaucoup de gens, constitue le summum du plaisir :

Le petit déjeuner

Vous aurez peine à le croire, mais pour les Italiens le petit déjeuner n'est pas aussi important que pour les Français et ne relève pas de la dolce vita. Si, le week-end, notre petit déjeuner peut prendre un caractère sacré, pour les Italiens il n'est rien de plus qu'un bref moment de détente entre le lever et le déjeuner. C'est l'occasion pour les adeptes du cappuccino de boire leur breuvage préféré, car, nous l'avons dit, il n'est pas l'usage d'en consommer le reste de la journée. Mais au cours de notre journée dolce vita, entièrement dédiée au mode de vie italien, tout est permis.

Nous voici donc dans la rue, le ventre vide. Que faire ? Les Italiens, sans hésitation, vont dans un bar. Imaginons ce lieu aux portes et fenêtres grandes ouvertes par une belle journée d'été. À l'intérieur se trouve un long comptoir derrière lequel trône fièrement la « macchina da caffè espresso ». Depuis sept heures et demie, deux baristi (garçons de café) peu bavards et à l'air concentré s'affairent çà et là, tirant des leviers, vidant des filtres en métal, faisant siffler leur machine telle une locomotive dans un jet de vapeur. Pareils à des joueurs de cartes professionnels, ils distribuent les tasses fumantes, les posent sur le comptoir et placent prestement une petite cuillère sur chaque soucoupe. Le cappuccino est à peine commandé qu'il est déjà prêt, accompagné d'une part de gâteau ou d'une brioche : c'est le petit déjeuner italien.

En France, il n'est pas rare que, après un saut à la boulangerie (parfois encore habillés de pyjamas et chaussés de pantoufles), les puristes remontent chez eux les bras chargés de croissants au beurre, de pains au chocolat chauds ou de baguettes, le temps d'un petit déjeuner royal sous la couette. C'est seulement après que la journée commence vraiment. Pour ceux qui préfèrent prendre leur petit déjeuner dehors, rien de très différent, si ce n'est que croissant et café crème peuvent remplacer cappuccino et brioche.

Si, pour les Italiens, le petit déjeuner est une affaire très personnelle et vite expédiée, en revanche ils sont beaucoup plus enclins à la conversation lors de la pause-café.

La pause-café

Puisque nous nous sommes levés tôt, il n'y a pas de raisons de s'en priver. Au cours de la journée italienne, la pause-café est le meilleur prétexte pour retourner au bistrot entre 10 heures et 11 heures. C'est aussi l'heure du premier espresso. À peine entré dans le bar, l'habitué du bureau d'en face est déjà servi : le serveur sait bien qu'il a juste le temps d'avaler son café en feuilletant un journal sportif. Des femmes profitent de ce quart d'heure pour lire un magazine féminin ou bavarder entre elles. À la fin de leur conversation, elles jettent quelques pièces sur le comptoir et lancent en sortant : « Ci vediamo a pranzo. » À tout à l'heure pour le déjeuner.

Le déjeuner

Le déjeuner est le point central de la journée italienne : plus l'heure approche, plus on y pense. Dans le Nord, ce repas commence entre midi et 13 heures, et dans le Sud vers 14 heures. Autrefois, la mamma employait sa matinée à faire les courses au marché et dans les magasins, puis se mettait aux fourneaux, tandis que son mari vaquait à quelques occupations administratives. Elle l'appelait au moment de mettre à chauffer l'eau des pâtes ou de réchauffer la marmite de risotto. Toutes affaires cessantes, monsieur rentrait alors à la maison. À ce « primo » (hors-d'œuvre) rassasiant succède le « secondo », viande ou poisson, accompagné d'un ou de plusieurs légumes (contorni). Suit le « dolce », constitué de fruits ou de fromage. En fonction de l'organisation domestique des époux, le café est pris à la maison ou au bar.

Pour vous éviter du travail, vous pouvez prendre « il pranzo » hors de chez vous, ce qui est très italien. En Italie, qu'il s'agisse d'une osteria, d'une trattoria ou d'un ristorante, ces lieux publics sont en effet davantage fréquentés à l'heure du déjeuner qu'à celle du dîner. C'est un moment privilégié pour rencontrer clients, collègues de travail, amis ou parents, pour discuter longuement de ce que l'on va commander, et plus longtemps encore, à mesure que les plats défilent, pour refaire le monde. Ces déjeuners peuvent durer trois à quatre heures, jusqu'à ce que les magasins, dehors, rouvrent leur rideau de fer pour l'après-midi.

Et nous, les non-Italiens, que faisons-nous par ce beau samedi midi ? Il n'est pas rare que, au retour de longues déambulations dans les magasins, nous ayons des amis à déjeuner. Tiens, ceux-ci ont apporté des anchois et des oignons au balsamico, et ceux-là un gros chou à la crème acheté dans la meilleure pâtisserie du quartier. Les autres ont pensé au fromage et au vin. Préparons donc des spaghetti aglio e olio, suivis d'un bon petit plat comme une saltimbocca ou du poisson aux olives et aux câpres.

Une fois tous ces mets alléchants dégustés, tout en buvant un dernier verre, nous serons heureux de nous dire que le week-end est à peine commencé. Nous aurons même le temps de faire une sieste. Puis ce sera pratiquement l'heure de l'aperitivo.

L'aperitivo

C'est la fin de l'après-midi et le début de la soirée. Les Anglo-Saxons appellent « blue hour », l'heure bleue, ce moment agréable qui se situe entre les occupations de la journée et le retour chez soi. Chez nous, comme en Italie, c'est le moment de l'apéritif. Les Italiens ne se pressent pas pour réintégrer leur domicile. La coutume veut qu'ils marquent une pause dans un bar où, selon l'humeur et le goût, ils commandent un verre de vin blanc frais ou d'un bon rouge, ou quelque chose d'un peu plus corsé ou de plus sucré. Ils en restent généralement là si une épouse, des enfants et un repas les attendent (en théorie, ce peut être l'homme qui attend sa femme, mais le fait est rare !).

Une fois rentrés, les Italiens aiment à boire un petit verre pour s'ouvrir l'appétit et grignoter quelque chose avant le repas tout en passant des coups de fil. Entre chien et loup, ils discutent alors de l'organisation de la soirée à venir. Cinéma ? Discothèque ? Mais le principal sujet de conversation reste d'abord « la cena », le dîner.

Le dîner

Les Italiens dînent souvent très tard. Après le cinéma, par exemple. En fait de dîner, ce n'est pas un repas aussi élaboré que le déjeuner – avec antipasti, primo, secondo et autres. À Naples, par exemple, où la cena ne commence guère qu'à partir de 22 heures, on mange traditionnellement une simple pizza… grosse comme une assiette, que l'on peut même déguster debout dans la rue, devant une boulangerie.

En France, une bonne pizzeria ne refuse jamais des clients qui se présentent après 23 heures. Et lorsqu'on est un peu fatigué par cette longue journée de loisirs couronnée par une sortie, il est plus italien de commander une pizza par téléphone que de passer la fin de la soirée dans un restaurant. La dolce vita peut être si simple !

Petit vocabulaire du boire et du manger

Abbiamo fame : nous avons faim.
Antipasti : « avant les pâtes », hors-d'œuvre froids (freddi) et chauds (caldi) pour ouvrir l'appétit.
Primo : premier plat. Il rasassie davantage que les hors-d'œuvre mais n'est pas aussi complexe que le plat principal. Les plus courants : pasta, risotto, soupe consistante.
Secondo : second plat et plat principal. Pièce de viande ou poisson entier, rôtis ou grillés. Peu ou pas de sauce.
Contorni : accompagnement. Généralement de simples légumes.
Dolci : dessert. Fruits, gâteau ou glace. Rarement un entremets.
Formaggio : fromage. Plutôt un gros morceau que tout un plateau.

Abbiamo sete : Nous avons soif.
Bevande : boissons. Avec (alcoliche) ou sans (analcoliche) alcool, chaudes (calde) ou froides (fredde).
Aperitivo : apéritif. Prosecco, vin blanc ou liqueur.
Digestivo : digestif. Cognac, bitters (amaro).
Acquavite : eau-de-vie.
Birra : bière.
Con ghiaccio : avec glace.
Liquori : liqueurs et autres spiritueux.
Succo : jus.

caffè
Bei & Nannini
LUCCA

ITALIAN SING-A
(WITH SPECIAL SING-ALONG LYRIC SHEETS)
VOLARE CIAO, CIAO BAMBINA ARRI
TORERO NON DIMENTICAR TORNA
SANTA LUCIA VIENI SUL MAR MATTINA

la dolce vita en 16 instantanés

Aranciata - Orangeade

Où ai-je donc bu ma première aranciata ? À Marina di Grosseto ou à Polignano a Mare ? En tout cas, je me rappelle que j'avais pris de bons coups de soleil. Maman m'a alors entraînée à l'intérieur d'un bar en demandant : « Bambina sole mio, bibite subito e prego. » Quand j'ai avalé ma première gorgée, dix types au moins m'observaient. C'est à ce moment-là que j'ai dit : « Je n'ai jamais bu un aussi bon Fanta ! » Maman a éclaté de rire, imitée par les clients qui tous ont commandé une aranciata. Papa aussi, quand il nous a retrouvées une heure plus tard. Maintenant je sais que si l'aranciata est aussi bonne, c'est parce qu'elle contient du vrai jus d'orange. Et j'en ai en permanence dans mon réfrigérateur. On ne sait jamais, si quelqu'un me demandait un « sole mio »...

Borsa - Sac

J'ai acheté mon sac de plage à Naples. J'ai eu beau marchander, je l'ai évidemment payé trop cher. Il a toutefois le mérite de me rappeler la plage quand je fais mes courses. Surtout lorsque j'y mets un grand bouquet de basilic ou une salade romaine... Si j'y ajoute une bouteille de chianti ou de prosecco, ça fait très chic. Pourtant, mon sac est plutôt destiné à recevoir une serviette de bain, du lait solaire et un bikini. Là, ça veut dire : « Salut l'été, j'arrive. »

Giornale - Journal

Pour me sentir vraiment italien, je vais à la gare m'acheter un journal. Je n'y comprends pas un mot, mais une fois au comptoir, le journal posé à côté de moi, j'ai l'impression d'être dans un bar italien. Le fin du fin, c'est de m'asseoir à une table en terrasse et de me dissimuler derrière mon journal. Molto italiano. Mais je crains toujours dans ce cas qu'un Italien de souche ne m'adresse la parole. Quand j'organise un petit dîner italien, j'achète toujours un giornale, soit pour en faire la lecture, en roulant bien les « r », soit pour en faire une nappe. Et quand Bruno est là, nous avons la traduction simultanée. Toutefois, je n'achète jamais de journal sportif, car sinon il passerait la soirée à lire tout seul.

Servizio da caffè - Service à café

Comme mon entourage sait que je collectionne les petites tasses à espresso, j'en reçois beaucoup en cadeau, au point d'en posséder suffisamment pour ne jamais utiliser la même dans la semaine : et je bois au moins quatre espresso par jour. Parfois, j'en viens à me demander si tout cela est bien honnête. Tenez, par exemple, ma petite tasse jaune portant l'inscription « Hotel Capri ». Je préfère ne pas savoir d'où elle vient. Avec de telles pratiques, rien d'étonnant à ce qu'on ne serve plus les espressi avec des cuillères à moka. Alors, je prends une cuillère à café et je remue avec le manche pour ne pas délayer la mousse. Enfin, à défaut de tasses, on peut très bien boire son espresso dans de petits verres comme dans les trattoria familiales.

Telefonino - Téléphone portable

Je préfère nettement « telefonino » à « portable ». J'aime imaginer la scène suivante : à Rome, un vendredi soir, je suis en train de boire un verre de sambuca après le boulot et j'aimerais bien sortir. Alors j'appelle Giovanna ; elle est justement quelque part en train de boire dans un petit bar un bon verre de vin blanc, mais je n'entends pas grand-chose parce que l'ambiance semble plus que festive. « Come stai ? Et si tu venais nous rejoindre ? » C'est tout ce que je comprends. « Va bene. » Je paie et je m'en vais. Dans le bar indiqué, pas de Giovanna. Et c'est là que mon telefonino sonne. « Come stai ? Où es-tu ? Je croyais que c'était moi qui devais te rejoindre. » Tout s'arrange. Ah, s'il n'y avait pas le telefonino...

Ospiti - Invités

Ma tante fête son anniversaire et, comme d'habitude, elle ne lance pas d'invitations. Vienne qui voudra. Aussi, qui voit-elle arriver devant sa porte ? Sûrement pas le livreur de pizzas, elle n'a rien commandé. « Je connais beaucoup de gens, dit-elle en regardant par la fenêtre, mais celui-là, je ne l'ai jamais vu. » Serait-ce cet homme, en Sardaigne, qui lui servait son premier cappuccino de la journée à la buvette du camping ? Ou ce chauffeur de taxi de Florence qui l'avait conduit à la trattoria de sa sœur et s'était fait inviter à dîner ? Eh bien non ! C'est seulement Xavier déguisé en perroquet. (« Je croyais que c'était une soirée costumée. ») La situation n'a évidemment rien de drôle pour lui. Les surprises-parties peuvent parfois être compromettantes pour une réputation.

Terrina - Saladier

Lorsque l'on fait de la cuisine italienne et que l'on reçoit souvent, il est important de posséder un grand plat. En grès, idéalement, mais surtout très grand. Pour les pâtes j'emploie toujours un saladier, parce que le faitout sur la table, c'est vraiment laid. Je pose la passoire sur le saladier, j'y verse les spaghetti avec leur eau, j'enlève la passoire, je jette l'eau du saladier et je remets les spaghetti à la place, dans le saladier chaud. (Il faut d'abord réchauffer le saladier en grès avec quelques louchées d'eau de cuisson : doucement, car en versant d'un coup, il risque d'éclater.) J'ajoute le sugo, du parmesan et je mélange. Et quand j'apporte le tout à table, il y a toujours un invité qui s'exclame : « Mamma mia ! » Ce qui est plutôt gentil.

Cantare - Chanter

Nous sommes en voiture sur une route sinueuse de Ligurie. Nous effectuons ce voyage tout en mangeant les meilleures olives du monde. Et comme le klaxon ne fonctionne pas, nous hurlons « Volare ! » dans tous les virages. À l'heure de la sieste, nous arrivons affamés dans un village de montagne et entendons la voix mélodieuse de Caruso qui s'échappe par la porte d'une épicerie. Et nous trouvons l'osteria dans laquelle nous sommes attendus. Après être redescendus de la montagne, nous nous attablons autour d'un verre de cinqueterre sur l'esplanade de San Remo. N'est-ce pas Ramazotti, là-bas ? Et tous de s'exclamer : « Azzurro ! » (C'était bien Ramazotti, mais la chanson était de Celentano. Nous en rions encore aujourd'hui.)

Tavola - Table

En Italie, même dans les restaurants modestes, il y a toujours une nappe en tissu sur les tables. Chez nous, elles sont bien souvent en papier ou en toile cirée, à carreaux ou à fleurs, ce qui n'est pas très esthétique. En outre, les tables italiennes sont toujours bien pourvues : verres à vin, grandes assiettes à pizza et moulin à poivre, ainsi que des serviettes en tissu également. Pourquoi ne pourrions nous pas, nous aussi, en faire autant...

la dolce vita en 16 instantanés

Gelato - Glace

La toute première fois que j'ai mangé italien, c'était chez un glacier du nom de Dolomiti. J'y ai appris que « vanille » s'écrivait « vaniglia » et se prononçait « vanilia », et j'y ai bu mon premier espresso. Je me suis demandé où les gens de cette ville allaient en hiver. « Dans les Dolomites », m'a répondu papa. Aujourd'hui, quand je rends visite à mes parents l'été, je retourne souvent au Dolomiti le soir. Ils servent toujours leurs glaces dans des coupes plaquées argent qu'ils accompagnent de cuillères plates et présentent sur un plateau ovale.

Oliera - Huilier-vinaigrier

Quand je mange en solitaire un plat de spaghetti et que je me trouve près de l'oliera, je me sens déjà moins seul. J'ai l'impression de me retrouver dans cette trattoria de Modène où j'allais déjeuner seul avant que tous les étudiants de mon cours de langue ne s'y précipitent. La cuisinière, Maria, avait très vite remarqué mon besoin de réconfort et m'avait servi une salade avec le bon balsamico de l'oliera, accompagnée d'une tranche de pain avec de l'huile d'olive. Le jour où je lui ai annoncé que je quittais l'Italie, elle m'a dit en désignant l'oliera : « Emportez ça avec vous. » Depuis, je ne me sens jamais véritablement seul à table...

Bazar

Nous avions loué une vieille ferme avec vue sur la mer dans les Abruzzes. Dans la cuisine, il n'y avait qu'une casserole en aluminium juste assez grande pour cuire des œufs, une machine à découper les pâtes et un plateau représentant la place Saint-Pierre. Difficile de cuisiner avec un tel matériel. Heureusement, au village, il y avait une sorte de bazar, un de ceux où l'on trouve tout, du charbon de bois à la lessive. Aussi m'y suis-je précipité avec délices pour acheter un grand faitout (indispensable pour les pâtes), une cafetière à espresso, un accessoire à fusilli pour la machine à découper les pâtes, et un rideau antimouches très kitsch. Les vacances pouvaient commencer. J'ai tout remporté chez moi, y compris le plateau avec la place Saint-Pierre : c'est comme si mes vacances n'étaient pas encore finies.

Bella Italia

À l'apéritif, un prosecco : nous nous promenons sous le soleil levant dans la via Veneto. Toujours à l'apéritif, une bruschetta arrosée d'une huile d'olive qui vient d'être pressée : la Toscane exhale ses senteurs d'herbe ensoleillée. Comme antipasti, j'ai choisi du poulpe mariné : nous nous étendons sur la plage de Capri. En primo, un risotto aux scampis : d'une terrasse, nous regardons les Romains faire leurs emplettes. En secondo, un bollito misto : nous rejoignons une grande tablée familiale dans un restaurant d'Alba. En dolci, des beignets à la cannelle : nous contemplons le golfe de Palerme dans le soleil couchant. Dois-je continuer ?

Coperto - Couvert

J'étais souvent agacé de voir figurer au bas des cartes des restaurants italiens : « Coperto 3 000 lire ». Jusqu'au jour où un serveur fort aimable m'a expliqué que cela me donnait droit à de l'eau et du pain et que, en plus, les boissons n'étaient pas aussi chères que chez nous. C'était vrai dans ce restaurant, en tout cas. Le souvenir m'en est resté et désormais, lorsque j'invite à dîner, il y a toujours sur la table une caraffa di acqua et un cestino di pane. Cela fait très ristorante. Le fin du fin est d'ajouter une coupelle d'huile d'olive.

Menù - Carte

Un tableau fixé au réfrigérateur et annonçant un menù à l'italienne a tout de même plus d'authenticité qu'un texte écrit à la main sur du papier vélin, avec lequel tout prend immédiatement un goût de fiançailles. Dans mes bons jours, je présente à table, avec toute la superbe d'un danseur de cabaret, un menu écrit à la craie sur une simple ardoise. Dans mes très bons jours, je m'amuse à balbutier quelques mots d'italien. Passer commande est alors comme jouer à la loterie, mais chez moi, il n'y a que des gros lots.

Aperitivo - Apéritif

Bien que n'étant pas un grand amateur, j'apprécie un petit apéritif avant le repas. Quand je cuisine, j'ai toujours un verre de blanc près de la cuisinière. Et quand quelqu'un entre dans la pièce, il y a droit aussi. Un petit prosecco convient tout aussi bien, mais attention : servi dans un verre à pied ! Les verres sans pied, je les réserve à un simple vin rouge qui accompagne à merveille la pizza. Je sais très bien ce qu'aiment mes amis : pour Philippe, quelque chose d'un peu amer comme de l'averna. Pour Martine, un strega, plus doux. Florence aime le limoncello que je prépare moi-même : c'est une liqueur au citron. Et le beau Sergio, lui, prend toujours un campari, naturalmente.

Les recettes

basic

Antip

Il n'y a plus qu'à tourner la page! Andiamo !

asti...

[Avant les pâtes...]

Semblable en cela à tous les fans de cuisine italienne, je me laisse volontiers tenter par un bon plat de pâtes fumantes, dont je raffole. Aussi puis-je comprendre ceux qui ont adopté la devise : « Une assiette de pâtes et basta ! » Cependant, cette attitude n'est pas vraiment italienne ni satisfaisante pour la dolce vita. Pourquoi ne pas déguster d'abord un petit quelque chose ? Un antipasto, par exemple ?

Me voilà donc de retour dans un de mes endroits favoris : un traiteur italien, précisément devant la vitrine des antipasti. Une palette de couleurs incroyable, avec les poivrons marinés, les tomates gratinées, la fritatta d'asperges, les anchois marinés... Formidables aussi, le magret de canard au balsamico et cette assiette de salade au beau milieu. Fantastico ! Une bouteille d'huile d'olive extra vergine. Et du pain maison, bien entendu. Tout me fait envie... Senza problema ! Il n'y a qu'à tourner la page ! Andiamo !

La recette de tante Lucia

Salade italienne

J'ai reçu un jour un Japonais qui tenait à ce que je lui cuisine quelque chose de typique. Je lui ai fait une salade italienne. Depuis il m'est très dévoué. La salade italienne tient du jeu, à l'instar du sushi : rapide à faire, et encore plus rapide à rater. Car ces deux spécialités, héritées chacune d'une grande tradition culinaire, ont certes en commun de nécessiter peu d'ingrédients et de savoir-faire, mais aussi de ne pas tolérer l'erreur. Pour tout Italien, la salade est une affaire de chef. Pour tante Lucia aussi.

D'abord, il est nécessaire de bien choisir son mélange : à des variétés de **laitues** (lattuga) – **romaine**, **lollo** ou **laitue à couper** (lattughino) – j'ajoute une salade à la saveur poivrée – **rucola** (roquette) ou **pissenlit** – et quelques feuilles plus amères de **trévise**, d'**endive** ou de **frisée**. J'enlève les feuilles externes (les queues pour la roquette) et le trognon, et je découpe les feuilles restantes. Je mets les salades dans une passoire que je passe sous l'eau froide, puis je les égoutte à l'aide d'un panier ou d'un torchon.

Les pros apportent la salade à table, mettent le vinaigre dans une cuillère, y font dissoudre le sel et le poivre avec une fourchette, et versent cet assaisonnement sur la salade. Ensuite, ils ajoutent l'huile et remuent. Quant à moi je préfère opérer ainsi : je verse 2 à 3 cuillerées à soupe (pour 4 personnes) de mon meilleur vinaigre dans le saladier, j'ajoute une pincée de sel et du poivre, et je remue jusqu'à dissolution. J'incorpore petit à petit l'huile d'olive, deux fois plus en quantité et d'aussi bonne qualité que le vinaigre. Rien d'autre. Je recouvre de la salade, je mélange et j'apporte à table.

Notre ingrédient préféré pour les antipasti

La zucchina (courgette)

Elle est

- le rejeton favori de la famille des courges ;
- d'aspect plus varié que les spécimens vert foncé tout en longueur : certaines sont jaunes, vert pâle, en forme de poire ou rondes ;
- bon marché et rapide à préparer ;
- d'un goût souvent sous-estimé.

Elle porte

- un « a » à la fin au singulier, un « i » au pluriel (zucchini) ;
- au printemps, de grosses fleurs jaunes que l'on peut manger farcies ou en beignets. Si la fleur porte un petit fruit, c'est une femelle.

Elle doit

- être mangée lorsqu'elle est de petite taille. C'est là qu'elle est la plus aromatique et la plus tendre. Quand sa longueur dépasse 20 centimètres, on en nourrit le bétail ;
- être cuite à feu très vif et brièvement, avec très peu voire pas du tout de liquide : au four, sous le gril, en beignet ou étuvé dans son propre jus ;
- être cuite quelques minutes, entière, si vous voulez la manger froide ensuite (ne la coupez alors qu'après sa cuisson afin de lui conserver tout son arôme).

Elle aime

- basilic, origan, persil, estragon ;
- ail, câpres, graines de fenouil, sucre ;
- tomate, poivron, aubergine, ciboule ;
- huile d'olive, beurre noir, jus de citron.

Dans la paninothèque

Crostini, crostino, crostoni ? Bruschetta ou panunto ? Et pourquoi pas focaccia ? Ou plutôt tramezzino ? Eccetera, eccetera. Devant le choix des pains à l'italienne, il y aurait presque de quoi pleurer. Mais retenez vos larmes et consultez plutôt notre petit lexique de boulangerie, ci-contre : ainsi vous aurez l'air moins ignorant lorsque vous entrerez dans une « paninoteca » (une sandwicherie où l'on peut déguster du vin).

5 suggestions pour les cas d'urgence

Antipasti

D'ici quelques minutes, une bande d'affamés va sonner à ma porte et je ne sais pas encore de quelles pâtes je vais les régaler. Pour les faire patienter, je leur prépare quelques petits hors-d'œuvre rapides. Après, ça ira tout seul.

Carpaccio de salami

Placez sur une assiette de fines tranches de salami séché à l'air (ou bien de coppa ou de jambon de Parme). Arrosez de jus de citron et d'huile d'olive, poivrez et parsemez de basilic ciselé. Servez avec du pain blanc.

Pain de tomates

Pour chaque convive, lavez une poignée de tomates-cerises et coupez en morceaux une ciboule nettoyée et lavée. Mélangez avec une cuillerée à soupe d'huile d'olive, une cuillerée à café de feuilles de romarin et 1/2 gousse d'ail émincée. Salez et poivrez. Mettez le tout dans un moule et faites cuire pendant 10 minutes au four à 225 °C.

Bâtonnets de melon

Coupez la chair d'un melon en bâtonnets de la taille d'une frite. Vous pouvez présenter sous cette forme et en mélange différentes variétés de melon. Juste avant de servir, poudrez-les de sel et de poivre de Cayenne. Mettez du ketchup (eh oui !) et des grissini (gressins) sur la table.

Pizza à l'œuf

Pour 2 personnes : garnissez de jambon de Parme ou de salami un plat allant au four. Dans un bol, mélangez 2 œufs, 2 cuillerées à soupe de farine et 25 centilitres de lait. Versez la préparation obtenue dans le plat. Parsemez de fromage râpé, et faites cuire le tout 15 bonnes minutes dans le four à 225 °C.

Chaussons à la mozzarella, entre autres…

Découpez des carrés de pâte feuilletée. Enduisez leurs bords de jaune d'œuf et placez un morceau de mozzarella au centre. Ajoutez un anchois, quelques câpres, une tranche de salami, une petite cuillerée de pesto ou une lamelle d'ail. Repliez les carrés, pressez leurs bords à l'aide d'une fourchette, et badigeonnez les chaussons obtenus de jaune d'œuf. Faites cuire pendant 15 à 20 minutes au four à 225 °C.

Bruschetta

S'il y en a plusieurs : bruschette.
Se prononce : brusketta.
C'est une tranche de pain (dont la couleur va du blanc au gris) grillée au four, à la poêle ou au grille-pain, puis frottée avec une gousse d'ail coupée en deux, arrosée d'huile d'olive, salée et poivrée. Avant qu'on y ajoute le sel et le poivre, le pain est parfois couvert de morceaux de tomates écrasés. La bruschetta s'appelle également fettunta. Voir page 46.

Crostino

S'il y en a plusieurs : crostini.
Se prononce : comme ça s'écrit.
C'est une tranche de pain grillée comme la bruschetta, puis tartinée le plus souvent d'un pâté composé d'abats ou d'ingrédients marinés. Si les tranches sont très grosses, on les appelle crostoni. On parle parfois de crostino pour un tramezzino grillé. Voir à partir de la page 46.

Focaccia

S'il y en a plusieurs : focacce.
Se prononce : fokatschia.
C'est une galette à l'huile d'olive et aux condiments, poudrée de sel, arrosée d'huile et cuite à four très chaud. On peut y introduire une garniture de pizza ou l'employer froide pour un sandwich. Voir page 94.

Panino

S'il y en a plusieurs : panini.
Se prononce : comme ça s'écrit.
C'est en fait un petit pain nature. Commandé dans un bar, il est servi avec différentes garnitures possibles – mortadella, jambon, salami, etc. Voir page 49.

Tramezzino

S'il y en a plusieurs : tramezzini.
Se prononce : trametsino.
C'est un sandwich composé de deux tranches de pain grillé et d'ingrédients typiquement italiens. Voir page 48.

Peperoni marinati

Poivrons marinés

Numéro un dans l'assiette d'antipasti

Ce sont des poivrons pelés, finement coupés et marinés dans un mélange savoureux. Les paresseux ne les pèleront pas, mais les feront cuire environ 5 minutes dans 1 à 2 cuillerées à soupe d'huile d'olive.

Pour 4 personnes, en hors-d'œuvre

2 poivrons rouges et 2 poivrons jaunes

2 gousses d'ail

1 cuillerée à soupe de jus de citron

2 cuillerées à soupe d'huile d'olive vierge

Sel, poivre noir du moulin

1/2 bouquet de persil

1 Préchauffez le four à 250 °C (chaleur tournante : 230 °C). Lavez les poivrons et coupez-les en deux dans la longueur. Ôtez le pédoncule, les graines et les filaments blancs. Rangez les moitiés de poivron sur une lèchefrite, face coupée en dessous.

2 Faites cuire les poivrons environ 15 minutes, jusqu'à ce que la peau se boursoufle et noircisse en plusieurs endroits. Sortez-les du four. Passez un linge sous l'eau froide, essorez-le et étalez-le sur les poivrons, puis attendez qu'ils aient suffisamment refroidi pour pouvoir les manipuler.

3 Percez les boursouflures et ôtez la peau. Lorsque les poivrons sont pelés – ce n'est pas une catastrophe s'il reste encore de petits morceaux de peau –, coupez-les en lanières d'environ 1 centimètre de largeur. Rangez ces lanières sur un plat peu profond avec le jus qui s'est écoulé de la pulpe.

4 Pelez l'ail. Coupez les gousses en très fines lamelles. Dans un bol, mélangez-les avec le jus de citron et l'huile, salez, poivrez. Versez sur les lanières de poivron. Laissez mariner au moins 4 heures à température ambiante. Retournez plusieurs fois les lanières, la dernière fois peu avant de les servir. Lavez le persil, égouttez-le, séchez-le avec du papier absorbant, et hachez très finement ses feuilles. Parsemez les poivrons du persil haché.

Préparation et cuisson : 45 minutes (hors marinade)
Servir avec du pain blanc frais et croustillant
Calories par part : 60

Acciughe piccanti
Anchois au piment

Rapidissimo

Pour 4 personnes affamées
- 100 g de filets d'anchois à l'huile
- 1 bouquet de persil
- 1 à 2 gousses d'ail
- 1 peperoncino rouge frais
- 5 cuillerées à soupe d'huile d'olive vierge

1 Sortez les anchois du bocal – un par un de préférence, et à l'aide d'une pince plutôt qu'avec les doigts. Égouttez-les.

2 Lavez et égouttez le persil. Hachez-en finement les feuilles. Pelez l'ail et coupez-le en petits morceaux. Lavez le peperoncino, coupez-le en deux dans la longueur et ôtez son pédoncule – si vous aimez le piment fort, laissez les graines et les filaments blancs –, puis coupez-le en tout petits fragments. Mélangez tous les ingrédients avec l'huile et les anchois et dégustez sans attendre, ou bien laissez mariner pendant quelques heures.

Préparation : 10 minutes (hors marinade)
Servir avec du pain blanc grillé
Calories par part : 345

Funghi marinati
Champignons marinés

Aussi rapide que simple

Excellents en hors-d'œuvre, en accompagnement d'une salade verte ou d'une viande, ou pour un en-cas.

Pour 4 personnes, en hors-d'œuvre
- 500 g de pleurotes
- Sel, poivre noir du moulin
- 4 cuillerées à soupe de la meilleure huile d'olive
- 1 bouquet de basilic
- 3 à 4 gousses d'ail
- 3 à 4 cuillerées à soupe de jus de citron
- 2 cuillerées à soupe de vin blanc sec (si vous avez une bouteille déjà ouverte)

1 Préchauffez le gril du four. Séparez les pleurotes. Il est préférable d'en couper les pieds car ils sont plutôt durs. Mélangez les champignons avec du sel, du poivre et l'huile, et rangez-les dans un plat à four.

2 Glissez les champignons dans le four, à 10 centimètres sous le gril chaud, et faites-les griller pendant 10 à 12 minutes. En cours de cuisson, sortez le plat du four et retournez les champignons à l'aide d'une spatule.

3 Pendant ce temps, séparez les feuilles de basilic, frottez-les à l'aide de papier absorbant et coupez-les en lanières. Pelez l'ail et écrasez-le à l'aide d'un presse-ail. Mélangez le basilic et l'ail avec les champignons et faites griller 2 minutes de plus.

4 Mettez les champignons dans un plat de service. Versez le jus de citron et le vin dans le plat à four et remuez pour déglacer les sucs de cuisson. Versez le tout sur les champignons. Vous pouvez déguster sans attendre ou laisser refroidir un peu, ou bien laisser mariner quelques heures.

Préparation et cuisson : 20 minutes
Servir avec du pain blanc frais
Calories par part : 140

Cipolle al balsamico
Oignons au vinaigre balsamique

Vraiment bon marché, vraiment bon

Pour 4 personnes

500 g de petits oignons rouges
5 à 10 feuilles de sauge
2 cuillerées à soupe d'huile d'olive
4 cuillerées à soupe d'aceto balsamico
5 cl de vin rouge sec
2 cuillerées à café de miel
1 peperoncino séché (facultatif)
Sel, poivre noir du moulin

1 Pelez les oignons et coupez-les en deux dans la longueur. Recoupez chaque moitié en deux. Lavez et essuyez les feuilles de sauge et coupez-les en fines lanières.

2 Posez une sauteuse sur le feu, versez l'huile et faites-la chauffer. Ajoutez les oignons et la sauge et faites-les revenir pendant 1 à 2 minutes.

3 Mélangez le balsamico avec le vin rouge et 5 centilitres d'eau. Ajoutez dans la sauteuse avec le miel et le peperoncino, le cas échéant. Salez, poivrez et couvrez. Laissez frémir environ 10 minutes sur feu moyen.

4 Transférez les oignons dans un plat et laissez-les refroidir. Couvrez d'une assiette et laissez mariner au moins 8 heures, et plus longtemps si possible.

Préparation et cuisson : 20 minutes (hors marinade)
Servir avec du pain blanc grillé et une salade de roquette avec des dés de tomates
Calories par part : 110

Melanzane grigliate
Aubergines grillées

Très simple à préparer

Pour 4 à 6 personnes, en hors-d'œuvre

10 à 12 cuillerées à soupe d'huile d'olive
2 aubergines (environ 500 g)
Sel, poivre noir du moulin
2 branches de céleri
1/2 citron non traité
1/2 bouquet de persil
4 filets d'anchois à l'huile
2 cuillerées à café de petites câpres
5 cl de vin blanc sec

1 Faites chauffer le gril. Badigeonnez une lèchefrite de 2 cuillerées à soupe d'huile et versez le reste de l'huile dans un petit bol. Lavez les aubergines, pelez-les et ôtez leurs pédoncules. Coupez les aubergines en rondelles de 1/2 centimètre d'épaisseur environ. Saupoudrez-les de sel et de poivre et rangez-les côte à côte sur la lèchefrite (si celle-ci est trop petite, procédez en deux fois). Badigeonnez-les d'huile puis faites-les griller environ 10 minutes, à mi-hauteur du four, en les retournant une fois.

2 Pendant ce temps, lavez le céleri. Ôtez-en les extrémités et les parties flétries, et coupez le reste en petits dés. Lavez le citron à l'eau chaude et essuyez-le. À l'aide d'un épluche-légumes, pelez son zeste, en omettant la partie blanche amère, puis hachez-le finement. Exprimez le jus du citron. Lavez le persil et hachez-le finement. Écrasez les anchois et mélangez-les avec le jus de citron et le reste de l'huile. Incorporez le céleri, le zeste de citron, le persil et les câpres à la pâte d'anchois.

3 Sortez les aubergines du four et transférez-les sur un plat. Déglacez les sucs de cuisson de la lèchefrite avec le vin et incorporez-les à la sauce aux anchois. Versez sur les aubergines et laissez mariner au moins 4 heures.

Préparation et cuisson : 35 minutes (hors marinade)
Servir avec du pain et rien d'autre
Calories par part (pour 6) : 205

Pomodori al forno
Tomates au four

Pour un pique-nique

Pour 4 personnes, en hors-d'œuvre ou en accompagnement froid

8 petites tomates bien mûres
Sel, poivre noir du moulin
1 bouquet de persil
2 gousses d'ail
50 g de chapelure
50 g de parmesan ou de pecorino fraîchement râpé
6 cuillerées à soupe d'huile d'olive

1 Préchauffez le four à 200 °C (chaleur tournante : 180 °C sans préchauffage). Lavez les tomates et coupez-les en deux dans la hauteur, puis, à l'aide d'un couteau pointu, ôtez le pédoncule de leur partie supérieure. Poudrez les tomates de sel et de poivre et rangez-les côte à côte dans un plat à gratin, face coupée sur le dessus.

2 Lavez et essuyez le persil. Détachez ses feuilles, coupez-les finement et placez-les dans un petit bol. Pelez l'ail et écrasez-le au presse-ail. Mélangez-le avec la chapelure, le fromage et l'huile.

3 Répartissez le mélange sur les tomates en pressant légèrement. Faites cuire les tomates environ 30 minutes, jusqu'à ce que le dessus soit doré. Laissez refroidir avant de déguster.

Préparation et cuisson : 45 minutes, dont 15 minutes de travail effectif
Calories par part : 250

Verdura fritta con salsa verde
Beignets de légumes à la sauce verte

Bouchées croustillantes

Pour 4 personnes, en hors-d'œuvre copieux

Pour la sauce :
2 gousses d'ail, 6 filets d'anchois à l'huile
2 bouquets de persil
1 cuillerée à soupe de câpres
2 cuillerées à soupe de vinaigre blanc
2 cuillerées à soupe de chapelure
Environ 10 cuillerées à soupe d'huile d'olive
Sel, poivre noir du moulin

Pour la pâte et les légumes :
2 œufs, 100 g de farine
200 g d'asperges vertes, 1 courgette
1 gros oignon blanc, huile à friture

1 Pour la sauce, pelez l'ail et égouttez les anchois. Lavez le persil et effeuillez-le. Réduisez les anchois et le persil en purée avec les câpres, le vinaigre, la chapelure et 4 cuillerées à soupe d'eau (au mixeur ou au moulin à légumes). Incorporez l'huile par petites quantités. Salez et poivrez la sauce.

2 Pour la pâte, cassez les œufs dans une jatte et battez-les légèrement. Incorporez la farine et mélangez bien au fouet.

3 Lavez les asperges et la courgette. Ôtez l'extrémité dure des asperges (en vérifiant avec le couteau la limite entre la partie dure et la partie tendre). Coupez les asperges en tronçons obliques de 2 centimètres de longueur. Coupez la courgette dans la longueur en tranches de 1 centimètre d'épaisseur. Recoupez les tranches en bâtonnets de 4 centimètres de longueur. Pelez l'oignon, coupez-le en deux et séparez ses anneaux.

4 Faites chauffer l'huile dans une cocotte. Plongez les légumes dans la pâte. À l'aide d'une écumoire, sortez-en quelques-uns de la pâte et glissez-les dans l'huile. Faites frire les beignets 3 à 4 minutes puis retirez-les. Égouttez-les sur plusieurs épaisseurs de papier absorbant, puis tenez-les au chaud au four à 50 °C. Lorsqu'ils sont tous frits, servez-les accompagnés de la sauce.

Préparation et cuisson : 45 minutes
Servir avec des quartiers de citron
Calories par part : 480

Frittata agli asparagi
Omelette aux asperges

Pour les amateurs qui souhaitent davantage qu'une simple omelette

Pour 6 à 8 personnes, en hors-d'œuvre ou en en-cas

400 g d'asperges vertes
2 oignons
2 gousses d'ail
1 poignée de roquette
4 cuillerées à soupe d'huile d'olive
8 œufs
Sel, poivre noir du moulin

1 Rincez les asperges à l'eau courante froide, puis égouttez-les. Les asperges vertes ne s'épluchent pas. Ôtez seulement leur extrémité dure (en vérifiant avec le couteau la limite entre la partie dure et la partie tendre), puis coupez-les en rondelles de 1/2 à 1 centimètre d'épaisseur. Pelez les oignons et l'ail et coupez-les en tout petits dés. Ôtez les feuilles flétries et les queues de la roquette, puis lavez-la, séchez-la, et hachez-la grossièrement.

2 Faites chauffer 2 cuillerées à soupe d'huile dans une grande poêle. Ajoutez-y l'oignon et l'ail et faites-les fondre à feu moyen, en remuant, jusqu'à ce qu'ils soient transparents. Ajoutez les asperges et faites cuire 5 minutes de plus tout en remuant. Incorporez la roquette et laissez-la fondre.

3 Cassez les œufs dans une jatte. Remuez-les à la fourchette, mais sans les battre. Ajoutez le mélange aux asperges, remuez, salez et poivrez.

4 Remettez la poêle sur le feu (il n'est pas nécessaire de la laver) et faites-y chauffer le reste de l'huile. Versez le mélange aux œufs, réduisez le feu, et laissez les œufs prendre pendant environ 10 minutes sur feu doux.

5 Passez une spatule entre le bord de la poêle et l'omelette et détachez celle-ci. Posez une assiette près de la poêle et faites glisser l'omelette dessus. Couvrez d'une seconde assiette, retournez le tout et faites glisser l'omelette dans la poêle, côté non cuit en dessous. Faites-la cuire environ 3 minutes.

6 Ôtez l'omelette de la poêle et laissez-la refroidir. Pour servir, coupez-la en parts, comme pour une tarte.

Préparation et cuisson : 30 minutes
Servir avec de la ciabatta et du vin blanc
Calories par part (pour 8) : 175

Variantes :

Aux herbes
Achetez 2 bouquets d'herbes mélangées ou préparez vous-même un mélange de persil, de basilic, de bourrache, de citronnelle et de roquette. Lavez puis hachez ces herbes, et faites-les fondre brièvement avec les oignons et l'ail. Incorporez aux œufs et procédez comme dans la recette ci-contre.

Aux artichauts
Ôtez les feuilles externes et la queue de 6 petits artichauts tendres, puis coupez ceux-ci en huit dans la longueur. S'il y a du foin au centre, ôtez-le. Faites cuire les artichauts comme les asperges. Vous pouvez également prendre des cœurs d'artichauts en boîte, les couper finement, et les incorporer au mélange aux œufs sans les faire cuire.

Aux tomates et aux olives
Égouttez 100 grammes de tomates séchées à l'huile et coupez-les en lanières. Coupez également en lanières environ 15 olives noires dénoyautées. Faites fondre les oignons, l'ail et un bouquet de persil dans de l'huile, puis incorporez-les au mélange aux œufs avec les tomates et les olives.

Vitello tonnato

Veau à la sauce au thon

Saveur et présentation raffinées

Pour 6 à 8 personnes

1 morceau de noix de veau d'environ 600 g (ou de quasi, mais en une seule pièce désossée)

1 oignon

2 clous de girofle

2 branches de céleri

2 carottes

1 bouquet de persil

1/4 de litre de vin blanc sec

2 feuilles de laurier, sel

1 boîte de thon au naturel

4 filets d'anchois à l'huile

1 jaune d'œuf très frais

10 cl d'huile d'olive vierge

1 cuillerée à soupe de jus de citron

Poivre noir du moulin

2 cuillerées à soupe de petites câpres

1 Rincez la viande sous l'eau froide, essuyez-la et ôtez-en les grosses parts de gras.

2 Pelez l'oignon et coupez-le en deux. Piquez une moitié d'oignon des clous de girofle. Lavez le céleri et pelez les carottes. Coupez-les en gros morceaux. Rincez le persil sous l'eau froide et essuyez-le. Mettez le persil, les légumes, l'oignon, le vin et 1 litre 1/4 d'eau dans une grande cocotte. Ajoutez les feuilles de laurier, salez bien et portez à ébullition.

3 Plongez la viande dans l'eau en ébullition : cela permet aux pores de se fermer immédiatement, de sorte que les sucs restent à l'intérieur. Réduisez le feu à un niveau très bas. Le cas échéant, retirez-en la cocotte un instant. Couvrez à demi et faites cuire la viande environ 45 minutes à très faible température, puis laissez-la refroidir dans le liquide de cuisson.

4 Mesurez 1/8 de litre de liquide de cuisson. Égouttez le thon et réduisez-le en purée avec le liquide. Égouttez les anchois, placez-les dans une assiette et écrasez-les à la fourchette. Incorporez le jaune d'œuf. Versez l'huile en filet tout en remuant au fouet. Lorsque le mélange commence à être émulsionné comme une mayonnaise, vous pouvez verser une plus grande quantité d'huile à la fois.

5 Incorporez le thon à la sauce. Ajoutez le jus de citron, du sel et du poivre. Égouttez les câpres et incorporez-les également.

6 Ôtez la viande de son liquide. À l'aide d'un couteau bien aiguisé, découpez-la en tranches fines. Rangez ces tranches sur un grand plat, puis arrosez-les de la sauce.

Préparation et cuisson : 2 bonnes heures, dont 1 heure 1/2 tranquille
Servir avec des quartiers de citron, du pain blanc frais et un vin blanc pétulant
Calories par part (pour 8) : 205

Carpaccio

Crudité… sans légumes

Pour 4 personnes

200 g au choix de filet de bœuf, d'espadon, de saumon ou de thon très frais, ou 200 g de thon, de saumon ou d'espadon fumés, coupés en tranches extrêmement fines

Quelques belles feuilles de salade verte ou de roquette

6 cuillerées à soupe de la meilleure huile d'olive

Sel, poivre noir du moulin

1 citron

Pour le carpaccio de bœuf : 1 portion de parmesan de 150 g environ

1 Pour découper en très fines tranches votre viande ou votre poisson frais, emballez-les dans du film alimentaire et laissez-les 1 heure au congélateur : votre morceau sera si froid que la découpe en sera facile. Vous pouvez également commander à votre boucher de la viande déjà découpée.

2 Séparez les feuilles de salade, lavez-les à l'eau froide et égouttez-les. Badigeonnez d'une fine couche d'huile quatre assiettes et disposez la salade sur le bord de celles-ci. Sortez la viande (ou le poisson) de son film alimentaire et découpez-la en tranches extrêmement fines à l'aide d'un couteau bien aiguisé. Certains robots ménagers peuvent effectuer cette opération.

3 Disposez les tranches sur les assiettes en les faisant légèrement se chevaucher. Arrosez du reste d'huile. Salez et poivrez.

4 Coupez le citron en quartiers et disposez ceux-ci sur le bord des assiettes. Pour le carpaccio de bœuf, râpez des copeaux de parmesan sur la viande à l'aide d'un épluche-légumes. Attention : si vous appuyez trop fort sur le fromage, les copeaux seront trop épais.

Préparation : 15 minutes (hors congélation)
Servir avec du pain blanc seulement
Calories par part de carpaccio de bœuf avec parmesan : 340, par part de carpaccio de saumon : 235

Petto d'anatra al balsamico

Magret de canard froid et vinaigrette au balsamico

Très, très fin

Faites cuire le magret de préférence la veille. Vous pouvez en préparer une double quantité et en manger la moitié juste après la cuisson, avec une salade et des pommes de terre au romarin (voir recette page 110).

Pour 4 personnes d'humeur festive

1 magret de canard (environ 300 g)

2 gousses d'ail

1 peperoncino séché

1/2 bouquet de persil

4 cuillerées à soupe de la meilleure huile d'olive

Sel, poivre noir du moulin

2 ciboules

1 pointe de couteau de moutarde forte

3 cuillerées à soupe d'aceto balsamico

1 poignée de roquette

1 Lavez le magret à l'eau froide puis essuyez-le. Pelez l'ail puis écrasez-le. Pilez le peperoncino au mortier ou hachez-le finement. Lavez le persil, hachez-le et mélangez-le avec l'ail, le peperoncino et une cuillerée à soupe d'huile d'olive. Frottez les deux faces du magret de ce mélange et laissez reposer 1 heure.

2 Faites chauffer une poêle (de préférence en fonte et à fond épais) à feu très vif, puis posez-y le magret peau en dessous. Réduisez le feu jusqu'à la position moyenne et faites revenir votre filet pendant 8 minutes. Puis retournez-le et faites-le cuire 8 minutes de plus. Salez et poivrez. Enveloppez-le d'aluminium ménager et laissez-le refroidir.

3 Ôtez les parties flétries des ciboules et coupez-en le bulbe. Lavez ces bulbes et émincez-les en très fines rondelles. Mélangez la moutarde avec le balsamico, du sel et du poivre. Ajoutez le reste de l'huile à raison d'une cuillerée à la fois et fouettez à l'aide d'une fourchette. Incorporez les rondelles de ciboule.

4 Ôtez les feuilles flétries et les queues de la roquette. Lavez et essuyez le reste des feuilles. Répartissez-les entre quatre assiettes. Émincez le magret en lamelles les plus fines possible. Disposez-les sur la roquette, arrosez de la vinaigrette et apportez à table.

Préparation et cuisson : 50 minutes (hors repos et refroidissement)
Servir, comme toujours, avec du pain blanc
Calories par part : 335

Bruschetta

Toujours aussi bonne

Pour 4 connaisseurs
1/2 bouquet de basilic
3 ou 4 tomates mûres et juteuses
4 cuillerées à soupe de la meilleure huile d'olive
Sel, poivre noir du moulin
4 grosses tranches de pain blanc italien
4 gousses d'ail

1 Effeuillez le basilic et coupez ses feuilles en fines lanières. Lavez les tomates, essuyez-les, puis coupez-les en dés en ôtant les pédoncules. Mélangez le basilic et les tomates avec l'huile. Salez et poivrez.

2 Coupez les tranches de pain en deux, puis faites-les griller au grille-pain ou au four chauffé à la température maximale (environ 4 minutes).

3 Pendant ce temps, pelez l'ail. Frottez-en les tranches de pain grillées. Recouvrez du mélange de tomate et de basilic et mangez sans attendre.

Préparation et cuisson : 20 minutes
Servir avec du prosecco
Calories par part : 140

Bruschetta ai funghi

Bruschetta aux champignons

Une autre version

Pour 4 personnes, en hors-d'œuvre
1 petit poivron jaune
200 g de champignons de Paris
50 g de pancetta ou de lard de poitrine
1 bouquet de persil, 4 cuillerées à soupe de la meilleure huile d'olive
Sel, poivre noir du moulin
4 grosses tranches de pain blanc italien
4 gousses d'ail

1 Lavez le poivron, puis coupez-le en deux dans la longueur. Ôtez ses graines et ses filaments, et coupez en dés sa pulpe. Ôtez le pied sableux des champignons. Nettoyez le reste et émincez-le. Coupez la pancetta en dés. Lavez le persil et hachez finement les feuilles.

2 Faites chauffer la moitié de l'huile dans une poêle. Faites-y revenir la pancetta, les champignons et le poivron pendant 3 à 4 minutes sur feu vif, en remuant. Ajoutez le persil, salez et poivrez.

3 Coupez les tranches de pain en deux et faites-les griller. Pelez l'ail. Frottez-en le pain. Mélangez les champignons avec le reste de l'huile et étalez le tout sur le pain.

Préparation et cuisson : 20 minutes
Servir avec un vin blanc corsé ou rouge léger
Calories par part : 210

Crostini alla crema di olive

Crostini à la crème d'olive

Pour une recette aux olives noires, voir *Cuisinez entre copains*, page 62.

Pour 4 personnes
1 bouquet de basilic
100 g d'olives vertes dénoyautées
1 peperoncino séché
1 cuillerée à soupe de pignons de pin
2 cuillerées à soupe d'huile d'olive
12 fines tranches de pain blanc

1 Lavez le basilic, effeuillez-le, puis réduisez ses feuilles en purée (au mixeur ou au moulin à légumes) avec les olives, le peperoncino, les pignons de pin et l'huile. Inutile d'ajouter du sel, les olives en contiennent suffisamment.

2 Faites griller les tranches de pain au grille-pain ou au four. Tartinez-les de la crème et dégustez aussitôt.

Préparation et cuisson : 15 minutes
Servir avec des pignons de pin grillés
Calories par part : 155

Crostini con fegatini
Crostini à la crème de foie

Un classique

Pour 4 amis de Toscane
200 g de foies de volaille
1 échalote ou 1 petit oignon
1 petite carotte, 1 branche de céleri
4 à 5 feuilles de sauge
1 tranche de jambon cru fumé
2 cuillerées à soupe d'huile d'olive
1 cuillerée à soupe de beurre
6 à 8 cuillerées à soupe de vin blanc ou rouge sec
1 peperoncino (facultatif)
Sel, poivre noir du moulin
1 pointe de couteau d'un zeste râpé de citron non traité, 12 fines tranches de pain blanc

1 Ôtez les nerfs et les parties grasses des foies, puis rincez ceux-ci sous l'eau froide et coupez-les en dés. Pelez l'échalote et la carotte. Lavez le céleri. Coupez les légumes et le jambon en dés et la sauge en lanières.

2 Faites chauffer l'huile et le beurre, et faites-y revenir brièvement l'échalote, la carotte, le céleri, la sauge et le jambon. Ajoutez les foies et remuez jusqu'à coloration. Incorporez le vin, le peperoncino, du sel et du poivre. Couvrez et laissez mijoter environ 10 minutes sur feu moyen. Laissez refroidir un peu, puis réduisez le tout en purée (au mixeur ou au moulin à légumes). Incorporez le zeste de citron et rectifiez l'assaisonnement, le cas échéant.

3 Faites griller les tranches de pain au grille-pain ou au four. Tartinez-les de la crème et dégustez aussitôt.

Préparation et cuisson : 40 minutes
Calories par part : 240

Variante :
Crème aux haricots et aux câpres

Réduisez en purée 200 grammes de haricots blancs cuits avec une cuillerée à soupe de câpres, un bouquet de persil effeuillé et 3 cuillerées à soupe d'huile d'olive. Ajoutez-y une cuillerée à soupe de jus de citron, du sel, du piment en poudre et une cuillerée à soupe de câpres hachées, puis mélangez le tout.

Crostini alla crema di pollo
Crostini à la crème de poulet et roquette

Simplement délicieux

Pour 4 gourmets
1/4 de litre de bouillon de volaille
200 g de blanc de poulet
2 cuillerées à soupe de jus de citron
4 cuillerées à soupe d'huile d'olive
1 poignée de roquette, sel, poivre noir du moulin, 12 fines tranches de pain blanc

1 Faites chauffer le bouillon, plongez-y la viande, couvrez, et laissez frémir environ 10 minutes sur feu doux. Laissez refroidir un peu, puis ôtez la viande et coupez-la en dés.

2 Réduisez la viande en purée (au mixeur ou au moulin à légumes) avec le jus de citron, l'huile et 3 à 5 cuillerées à soupe du bouillon. Ôtez les queues de la roquette, lavez le reste et hachez-le finement. Incorporez-le à la crème. Salez et poivrez copieusement.

3 Faites griller les tranches de pain au grille-pain ou au four. Tartinez-les de la crème et dégustez aussitôt.

Préparation et cuisson : 30 minutes
Calories par part : 280

Crostini al forno
Crostini gratinés

Chaud devant !

Pour 4 personnes, à l'apéritif

6 filets d'anchois à l'huile

1 cuillerée à soupe bombée de beurre

8 fines tranches de pain blanc

125 g de mozzarella

Poivre noir du moulin

1 Préchauffez le four à 250 °C (chaleur tournante : 230 °C). Coupez très finement les filets d'anchois ou encore écrasez-les à la fourchette. Mélangez-les bien avec le beurre et tartinez les tranches de pain de la pâte obtenue.

2 Égouttez la mozzarella, coupez-la en fines lamelles et dressez celles-ci sur le pain. Placez les tartines sur la plaque du four et faites-les cuire environ 5 minutes à mi-hauteur du four, jusqu'à ce que le fromage soit fondu.

3 Poivrez les tartines et mangez-les bien chaudes.

Préparation et cuisson : 15 minutes
Calories par part : 145

Tramezzini agli scampi
Tramezzini aux crevettes

Savoureux n'importe où, surtout sous un ciel bleu

Pour 8 sandwiches en triangle

200 g de crevettes cuites décortiquées

2 tomates

1/2 bouquet de basilic

100 g de mascarpone

50 g de mayonnaise

Sel, poivre noir du moulin

4 belles feuilles de salade

8 tranches de pain de mie

1 Coupez les crevettes en petits dés. Lavez les tomates, coupez-les en deux, ôtez-en avec les doigts le jus et les graines, puis coupez-les en petits morceaux. Lavez le basilic et coupez ses feuilles en lanières.

2 Mélangez le mascarpone et la mayonnaise. Incorporez-y les crevettes, les tomates et le basilic. Salez et poivrez. Lavez les feuilles de salade, essuyez-les à l'aide de papier absorbant, puis ôtez-en les grosses côtes.

3 Coupez quatre tranches de pain en deux dans la diagonale. Recouvrez chacune des quatre autres tranches entières d'une feuille de salade et tartinez de mélange aux crevettes. Posez deux des triangles de pain nature sur chaque tranche, pressez légèrement et coupez en diagonale.

Préparation : 25 minutes
Calories par tranche de pain : 140

Tramezzini al tonno
Tramezzini à la crème de thon

Pour la plage et ailleurs

Pour 8 triangles

2 boîtes de thon au naturel

1/2 bouquet de persil

2 cuillerées à soupe bombées de mayonnaise

2 cuillerées à soupe bombées de mascarpone ou de crème fraîche

1 cuillerée à soupe de petites câpres

1 cuillerée à café de jus de citron

Sel, poivre noir du moulin

4 belles feuilles de salade

8 tranches de pain de mie

1 Égouttez le thon et effeuillez-le à l'aide de deux fourchettes. Lavez le persil et hachez-en finement les feuilles.

2 Mélangez la mayonnaise et le mascarpone. Incorporez-y le thon, le persil, les câpres et le jus de citron. Salez et poivrez.

3 Lavez la salade, essuyez-la, et fendez ses côtes centrales pour aplatir les feuilles. Coupez quatre tranches de pain en deux dans la diagonale. Recouvrez chacune des quatre autres tranches entières d'une feuille de salade et tartinez de mélange au thon. Posez deux triangles de pain nature sur chaque tranche, appuyez légèrement et coupez dans la diagonale.

Préparation : 20 minutes
Calories par tranche de pain : 90

Notre conseil

Préparez une crème de thon en utilisant la moitié des proportions et tartinez-en des crostini grillés. Décorez-les de câpres.

Panini all'arrosto

Petits pains au rôti

Hamburgers à l'italienne

Pour 4 petits pains
1 bouquet de persil, 1/2 bouquet de basilic
3 ciboules, 50 g d'olives noires
3 cuillerées à soupe de mayonnaise
1 cuillerée à soupe de crème
Sel, poivre noir du moulin
4 feuilles de salade, 2 tomates fermes
4 petits pains, 150 à 200 g de rôti cuit découpé en fines tranches

1 Lavez les herbes et hachez-les. Ôtez les parties flétries des ciboules, coupez leurs bulbes, lavez ceux-ci et hachez-les finement. Dénoyautez les olives et coupez-les en dés.

2 Mélangez la mayonnaise et la crème. Incorporez les herbes, la ciboule et les olives. Salez et poivrez. Lavez et essuyez la salade. Lavez les tomates et coupez-les en rondelles. Coupez les pains en deux et couvrez leur moitié inférieure de salade et de tomate. Ajoutez une tranche de rôti et de la crème aux herbes. Pour finir, recouvrez de l'autre moitié de pain.

Préparation : 20 minutes
Calories par petit pain : 200

Panini alla mozzarella

Petits pains à la mozzarella

Très méditerranéens

Pour 4 petits pains
250 g de mozzarella
2 gousses d'ail, 1 bouquet de basilic
1 cuillerée à soupe de jus de citron
1 cuillerée à soupe d'huile d'olive
Sel, poivre noir du moulin
4 tomates, 8 feuilles de trévise
4 petits pains, 4 tranches de jambon de Parme

1 Coupez la mozzarella en lamelles. Pelez l'ail et écrasez-le au presse-ail. Coupez le basilic en lanières. Mélangez l'ail et le basilic avec le jus de citron, l'huile, du sel et du poivre, puis répartissez le tout sur la mozzarella.

2 Lavez les tomates et coupez-les en rondelles. Lavez les feuilles de trévise et essuyez-les. Coupez les petits pains en deux dans la hauteur, et recouvrez leur moitié inférieure de salade et de tomate. Ajoutez une lamelle de mozzarella garnie et une tranche de jambon, puis recouvrez de l'autre moitié de pain.

Préparation : 20 minutes
Calories par petit pain : 400

Verdura grigliata
Légumes grillés

En été sur le barbecue, en hiver sous le gril

Pour 4 personnes, en en-cas ou en dîner léger

1 petite courgette
1 poivron jaune et 1 poivron rouge
1 botte de ciboules
200 g de champignons de Paris
6 cuillerées à soupe d'huile d'olive
Sel, poivre noir du moulin
150 g de salades mélangées
(par ex. : roquette, trévise et romaine)
2 cuillerées à soupe de vinaigre de vin
1 cuillerée à soupe de petites câpres
1/2 bouquet de persil

1 En hiver, préchauffez le gril du four. Pendant ce temps, lavez les légumes et parez-les : émincez la courgette dans la longueur en tranches de 1 centimètre d'épaisseur ; coupez les poivrons en lanières ; coupez les ciboules en quatre dans la longueur. Quant aux champignons, laissez-les entiers ou coupez-les en deux selon leur grosseur.

2 Mélangez tous les légumes dans une lèchefrite avec 2 cuillerées à soupe d'huile, du sel et du poivre : répartissez-les bien pour qu'ils se chevauchent le moins possible. Faites-les griller environ 15 minutes et, durant cette cuisson, sortez la lèchefrite deux fois du four pour mélanger à nouveau les légumes. 5 minutes avant la fin, glissez la lèchefrite dans la partie haute du four, juste sous le gril.

3 Pendant ce passage au four, remplissez l'évier d'eau froide. Plongez-y les salades et lavez-les bien. Ôtez-les de l'eau et séchez-les (dans une essoreuse ou un torchon propre), puis coupez-les en morceaux.

4 Mettez le vinaigre, du sel, du poivre et le reste de l'huile dans un petit bol. Fouettez-les jusqu'à émulsion à l'aide d'une fourchette. Égouttez les câpres. Lavez le persil, essuyez-le et hachez-le finement. Incorporez les câpres, le persil et la moitié de la vinaigrette dans la salade. Répartissez entre les assiettes. Placez les légumes grillés sur le dessus ou à côté et arrosez-les du reste de la vinaigrette. N'attendez pas trop longtemps pour passer à table.

Préparation et cuisson : 25 minutes
Servir avec du pain aux olives
Calories par part : 175

Notre conseil

Version estivale pour le barbecue

Règle n° 1 : pour allumer le barbecue, l'alcool à brûler, le pétrole et l'essence sont prohibés : c'est bien trop dangereux. Achetez du charbon de bois et des allume-feu, et allumez votre appareil au moins 30 minutes avant de vous en servir pour qu'il y ait suffisamment de braise.
Règle n° 2 : mouillez un doigt et tendez le bras au-dessus de votre tête pour savoir d'où vient le vent. Le barbecue doit être positionné dos au vent pour que celui-ci ne souffle pas sur les braises.
Règle n° 3 : mettez une couche de charbon de bois dans le barbecue et allumez en deux endroits. Lorsqu'une couche de cendres s'est formée sur les morceaux de charbon, étalez ceux-ci et posez la grille.
Répartissez les légumes sur la grille et faites-les cuire en les retournant régulièrement. Leur temps de cuisson exact est difficile à déterminer : c'est à leur aspect que vous saurez s'ils sont bien grillés.

Pinzimonio
Crudités

À l'huile d'olive vierge extra, un régal !

Pour 4 personnes, en grignotage pendant que l'on cuisine ou en hors-d'œuvre

1 fenouil

1 petite tête de trévise

2 carottes

1 poivron rouge

4 branches de céleri

8 à 12 cuillerées à soupe de la meilleure huile d'olive

Sel, poivre noir du moulin

4 cuillerées à café de jus de citron (facultatif)

1 Lavez les légumes, ôtez les parties flétries du fenouil et de la trévise, et pelez les carottes. Coupez tous les légumes en jolis bâtonnets.

2 Pour chaque légume, versez 2 cuillerées à soupe d'huile, ou plus, dans une coupelle. Salez, poivrez et, le cas échéant, ajoutez le jus de citron. (En Italie, on ne mange les crudités qu'avec de l'huile lorsqu'elle est jeune et fraîche.) Mélangez bien.

3 Trempez les légumes dans une coupelle et dégustez.

Préparation : 15 minutes
Servir avec du pain blanc frais et croustillant
Calories par part (avec une bonne quantité d'huile d'olive) : 300

Insalata ai frutti di mare

Salade de fruits de mer

Version sans coquillages

Pour 4 à 6 personnes

300 g de calmar frais nettoyé

Sel

300 g de crevettes cuites décortiquées (ou crues, si vous avez la chance d'en trouver)

1 branche de céleri

1 carotte

1/2 bouquet de persil

2 cuillerées à soupe de jus de citron

Poivre noir du moulin

4 cuillerées à soupe de la meilleure huile d'olive

1 citron coupé en quartiers, pour servir

1 Rincez le calmar sous l'eau froide et égouttez-le. Portez de l'eau salée à ébullition, plongez-y le calmar et faites cuire 1 minute (pas plus, il durcirait). S'il est surgelé, suivez les instructions figurant sur le paquet.

2 Mettez le calmar dans une passoire, arrosez-le d'eau froide et laissez égoutter. Coupez-le en anneaux d'environ 1/2 centimètre d'épaisseur. Si vous avez acheté des petits calmars, laissez-les entiers.

3 Rincez les crevettes sous l'eau froide et essuyez-les. Lavez le céleri et ôtez-en toutes les parties flétries : si des fils se détachent pendant cette opération, n'hésitez pas à les enlever. Coupez le céleri en deux dans la longueur, puis émincez-le en fines lamelles dans la largeur. Pelez la carotte, coupez-la en rondelles, puis en très fins bâtonnets. Lavez le persil, essuyez-le et hachez finement ses feuilles.

4 Dans un petit bol, mélangez le jus de citron avec du sel, du poivre et l'huile d'olive. Fouettez à l'aide d'une fourchette. Versez cette sauce dans un saladier sur le calmar, les crevettes, les légumes et le persil, remuez puis laissez reposer 2 heures au réfrigérateur. Avant d'apporter la salade à table, rectifiez son assaisonnement en jus de citron, en sel ou en poivre. Disposez les quartiers de citron sur le bord du plat.

Préparation et cuisson (plus 2 heures de marinade) : 30 minutes

Servir avec du pain blanc frais et croustillant et un verre de vin blanc

Calories par part (pour 6) : 145

Notre conseil

Version avec coquillages

Si vous aimez les coquillages, achetez en plus 500 grammes de moules et 500 grammes de palourdes. Lavez-les sous l'eau froide : elles doivent se fermer ; jetez celles qui resteraient ouvertes. Dans une cocotte, portez à ébullition de l'eau salée et poivrée additionnée d'un peu de vin blanc et de jus de citron. Plongez-y les coquillages, couvrez et faites cuire 3 minutes. Les coquillages doivent s'ouvrir en cuisant : jetez ceux qui resteraient fermés.

Insalata di fagioli bianchi
Salade de haricots blancs

Plus rapide, impossible

Pour 4 personnes en hors-d'œuvre, ou pour 2 personnes en en-cas

1 boîte de haricots blancs cuits (poids net égoutté : 240 g)

1 oignon rouge moyen, 1 ou 2 tomates

1/2 bouquet de basilic

2 cuillerées à café de câpres

1 cuillerée à soupe de vinaigre de vin

Sel, poivre noir du moulin

2 ou 3 cuillerées à soupe de la meilleure huile d'olive

1 Égouttez les haricots dans une passoire et rincez-les sous l'eau froide jusqu'à ce que tout le liquide de la boîte ait été éliminé, puis laissez-les égoutter.

2 Pelez l'oignon, coupez-le en deux dans la longueur, puis en fines lanières dans la largeur. Lavez les tomates et coupez-les en dés. Lavez le basilic et coupez-le en lanières.

3 Mélangez les haricots avec l'oignon, la tomate, le basilic et les câpres. Fouettez le vinaigre avec du sel, du poivre et l'huile, puis incorporez cette sauce à la salade de haricots. Dégustez tout de suite ou réfrigérez quelques instants.

Préparation : 15 minutes
Calories par part (pour 4) : 235

Variantes :
À la place ou en plus des tomates, égouttez le contenu d'une boîte de thon au naturel, effeuillez le thon et incorporez-le à la salade. Remplacez l'oignon par 1 ou 2 branches de céleri finement coupées.

Insalata di arance
Salade d'oranges au fenouil

En Sicile, il y a surabondance d'oranges et autant d'idées pour les employer

Pour 4 grands curieux

2 petits bulbes de fenouil ou 1 gros

4 oranges juteuses

16 olives noires

1 brin de romarin ou 2 brins de persil

1 cuillerée à soupe de vinaigre de vin rouge

Sel, poivre noir du moulin

6 cuillerées à soupe de la meilleure huile d'olive

1 Ôtez du fenouil ses feuilles externes flétries ou brunes et ses tiges vertes épaisses. Coupez la verdure et réservez-la. Lavez le bulbe et coupez-le en deux dans la longueur. Ôtez le cœur dur. Recoupez dans la largeur les deux moitiés. Émincez les quatre morceaux en lamelles aussi fines que possible.

2 Coupez une rondelle à chaque extrémité de chaque orange. Posez les oranges à la verticale et pelez-les de haut en bas en prélevant également la membrane blanche. Une fois pelées « à vif », coupez-les en fines rondelles en recueillant le jus dans un petit bol.

3 Dressez sur quatre assiettes les rondelles d'orange et les lamelles de fenouil, puis répartissez au-dessus les olives. Lavez le romarin, effeuillez-le et hachez finement les feuilles. Ciselez la verdure de fenouil. Parsemez les assiettes du romarin et de la verdure de fenouil. Mélangez le vinaigre à l'huile et au jus d'orange en y ajoutant du sel et du poivre. Fouettez bien. Versez la vinaigrette obtenue sur la salade et dégustez sans attendre.

Préparation : 20 minutes
Calories par part : 210

Rucola e radicchio con parmigiano
Salade au parmesan

Frais et très tendance

La sauce est excellente avec des champignons crus coupés en fines lamelles.

Pour 4 personnes

2 poignées de roquette

1 tête de trévise moyenne

1 petit bouquet de persil

1 citron non traité

4 cuillerées à soupe de la meilleure huile d'olive

Sel, poivre noir du moulin

1 bon morceau de parmesan (le reste attendra au réfrigérateur le prochain plat de pâtes)

1 Ôtez de la roquette ses feuilles flétries et coupez ses grosses tiges. Séparez les feuilles de trévise. Lavez la roquette et la trévise et égouttez-les. Coupez la trévise en morceaux.

2 Lavez le persil, essuyez-le et effeuillez-le. Lavez bien le citron sous l'eau chaude et essuyez-le. Râpez-en le zeste. Coupez le citron et exprimez son jus.

3 Passez le persil au hachoir avec 2 cuillerées à soupe de jus de citron et l'huile d'olive. Salez, poivrez et ajoutez le zeste de citron.

4 Mélangez salades et assaisonnement, puis répartissez le tout entre les assiettes. Râpez des copeaux de parmesan sur la salade à l'aide d'un épluche-légumes. (Attention : si vous appuyez trop fort sur le fromage, les copeaux seront trop épais.) Dégustez sans attendre.

Préparation : 15 minutes
Calories par part : 215

Panzanella
Salade toscane aux croûtons

Ou l'art d'accommoder le pain rassis

Pour 4 personnes, pour un repas estival

150 g de pain blanc rassis (de 2 à 3 jours, idéalement)

1 oignon blanc doux, 1 gousse d'ail

200 g de tomates mûres et fermes

1/2 concombre (environ 200 g)

1 poivron jaune

1 poignée de roquette

1/2 bouquet de persil

2 à 3 cuillerées à soupe de vinaigre de vin rouge

Sel, poivre noir du moulin

5 à 6 cuillerées à soupe de la meilleure huile d'olive, 1 cuillerée à soupe de petites câpres

1 Coupez le pain en dés et faites griller légèrement ceux-ci à sec dans une poêle, sur feu moyen.

2 Pelez l'oignon, coupez-le en quatre, puis en fines lanières. Pelez l'ail et hachez-le finement. Lavez les tomates, le concombre et le poivron, et ôtez de ce dernier pédoncule, graines et filaments blancs. Coupez tous les légumes en petits dés.

3 Ôtez de la roquette ses feuilles flétries et coupez ses grosses tiges, puis lavez-la, ainsi que le persil. Égouttez-les et hachez-les finement. Mélangez bien le vinaigre avec du sel, du poivre et l'huile.

4 Mélangez ensemble les croûtons, les légumes, les herbes et la vinaigrette, puis laissez reposer au moins 1 heure jusqu'à ce que les croûtons aient ramolli. Remuez une nouvelle fois la panzanella, parsemez-y des câpres, et servez.

Préparation (plus 1 heure de repos) : 25 minutes
Calories par part : 210

Pasta

La dolce vita à la maison ? Capisci ? Des pâtes et basta !

… et basta ?

[Des pâtes… et c'est tout ?]

« Il n'y a que des spaghetti, aujourd'hui ? – Et alors ? Tu les aimes bien. – Oui, mais aucun Italien ne se contenterait d'un plat de pâtes en guise de repas ! – Mais tu n'es pas italien. – Oui, mais les Italiens savent ce qui est bon pour moi. Et chez eux, les pâtes sont un hors-d'œuvre. – Je ne crois pas. – Si, ça date d'il y a longtemps, quand la viande était trop chère. La mamma faisait d'abord manger des pâtes à sa famille pour économiser sur le rôti. – Et tu crois qu'elle avait toujours un rôti dans le four pendant qu'elle faisait cuire ses pâtes ?… – Non, pas toujours, mais… – … et qu'elle ne préparait pas simplement des macaroni au sugo pour les enfants qui rentraient de l'école ? – Mais au restaurant, ce n'est pas comme ça. – Oui, mais ici, tu es chez moi. C'est la dolce vita à la maison, capisci ? On mange des pâtes et basta ! – Tu as raison. De toute façon, c'est rudement bon. Je peux en reprendre ? »

Comment manger les spaghetti, en 10 étapes

Les Italiens mangent les spaghetti avec une fourchette et réservent la cuillère à la soupe. Voici comment devenir un vrai Italien :

1. Servez le plus élégamment possible, dans des assiettes creuses chaudes, les spaghetti mélangés avec leur sauce dans un plat. Si vous craignez de vous salir, l'idéal est évidemment de demander à quelqu'un de le faire à votre place !

2. Coincez un angle d'une grande serviette blanche dans votre col : l'idéal est qu'elle soit assez grande pour couvrir aussi vos genoux. Attention à ne pas la confondre avec la nappe.

3. Parsemez les spaghetti de parmesan fraîchement râpé et mélangez. Arrangez votre serviette autour de l'assiette pour parer aux éclaboussures.

4. Prenez le manche de votre fourchette entre pouce et majeur et posez l'index sur ce dernier. Tenez la fourchette à la verticale (voir photographie ci-contre) en serrant votre annulaire contre votre pouce : le manche de la fourchette se trouve donc entouré par votre pouce, votre majeur et votre annulaire. Le petit doigt trouvera sa place de lui-même.

5. Plantez votre fourchette à la verticale dans les spaghetti, en veillant à prendre entre ses dents quelques pâtes seulement.

6. Le moment de tourner la fourchette est venu. Le pouce mène les opérations, maintenu par l'index. Plus bas, le couple majeur/annulaire accompagne le mouvement de torsion, d'élévation et d'abaissement. La fourchette doit toujours rester à la verticale et l'assiette conserver impérativement sa stabilité.

7. Tout va bien ? Parfait. Surveillez en permanence les dents de votre fourchette pour qu'elles n'attrapent pas tout un paquet de spaghetti. Deux ou trois suffisent pour une bouchée. S'il y en a trop, vous n'avez plus qu'à recommencer depuis le début.

8. Soulevez la fourchette à l'horizontale et portez-la à votre bouche avec élégance... Si les spaghetti pendent sur une trop grande hauteur, enroulez-les autour de la fourchette sur le bord de l'assiette (les pros le font en l'air), ou mangez-les en aspirant.

9. Et l'autre main, que fait-elle ? Elle sert à tapoter des joues, caresser les cheveux des enfants, serrer d'autres mains (si des amis arrivent), faire des signes (à ceux qui passent en cabriolet ou en Vespa), s'essuyer la bouche et boire du vin.

10. Mais les Italiens, très tolérants, accepteront que vous utilisiez une cuillère pour enrouler vos spaghetti. Vous la tiendrez à l'horizontale dans votre main gauche fermée (pour les droitiers) et, une fois pleine, vous la retirerez et porterez les spaghetti à votre bouche. Évidemment, vous ne pourrez plus tapoter, caresser ou faire des signes...

Je suis pour la livre !

Les auteurs d'ouvrages de cuisine sont parfois bizarres. Moi, par exemple : pendant des années j'ai indiqué « 400 grammes de spaghetti » pour quatre personnes. La plupart des autres auteurs le font aussi. Pourquoi ? Je doute que quelqu'un le sache. Peut-être qu'un jour, lors d'une expérience sur la digestion des astronautes, il a été décidé que 100 grammes de pâtes sont parfaits pour un mangeur en apesanteur. Ou qu'un fabricant de cocottes, en rupture de stock, n'avait pu fournir à son ami d'enfance, célèbre présentateur d'émission culinaire, qu'un récipient ne permettant pas de faire cuire plus de 400 grammes de pâtes. Or, il se trouve que les fabricants de pâtes conditionnent leurs produits en sachets d'une livre ou d'une demi-livre, et jusqu'à ce jour je n'ai pas rencontré une seule personne qui pesait ses spaghetti avant de les faire cuire. En tout cas, je ne l'ai jamais fait. Ce qui n'empêche pas mes convives de tout manger.
En résumé, dans cet ouvrage, j'indique 500 grammes de pâtes pour quatre personnes. Exceptions : lorsque la contenance du plat à gratin limite la quantité, ou lorsque la garniture des pâtes est très copieuse.

Notre ingrédient préféré pour les pâtes

Les tomates pelées (pelati) en boîte

Ce sont
- à l'origine, des conserves en bocaux qui permettaient à la ménagère italienne, l'hiver, d'introduire l'été dans sa cuisine
- un produit parmi les plus exportés dans le monde, en boîtes de 400 ou 800 grammes qui apportent dans bien des existences mornes un peu du soleil d'Italie
- des olivettes plutôt insipides lorsqu'elles sont consommées crues
- pour les sauces une meilleure base que les tomates fraîches cultivées en serre

Elles sont
- cueillies mûres dans le sud de l'Italie, ébouillantées et pelées, puis mises en boîte entières, concassées, en purée ou en coulis

Elles doivent
- être coupées en morceaux ou réduites en purée sans leurs graines ni leur pédoncule
- partager leur emballage uniquement avec du jus de tomate, sans sel ni condiments

Elles aiment
- basilic, estragon, menthe, origan, persil, sauge, thym
- piment, graines de fenouil, ail, poivron, safran, genièvre, sucre
- câpres, olives, cœurs d'artichauts
- pâtes, pizzas, gnocchi, pain
- fruits de mer, thon en boîte, anchois
- lard, salami, viande hachée, poulet
- légumes méridionaux, de l'aubergine à la courgette
- un peu de crème, du parmesan

5 suggestions pour accommoder les restes

Pâtes

Si vous avez préparé trop de pâtes, votre prochain repas est pratiquement prêt, car les restes de pâtes sont simples à accommoder :

Poêlée de pâtes
Coupez et faites revenir des légumes tels que poireau, poivron, champignons, asperges vertes ou courgettes. Vous pouvez y ajouter oignon, ail, salami ou jambon, puis vos restes de pâtes telles que penne, fusilli ou ziti et des herbes aromatiques fraîches.

Gratin de pâtes
Mêmes ingrédients que ci-dessus, mais les légumes sont cuits à l'eau. Pour une poignée de pâtes, incorporez 1 œuf mélangé à 5 cuillerées à soupe de lait. Parsemez de fromage râpé, puis faites cuire 20 minutes à 200 °C.

Salade de pâtes
Bonne recette pour les pâtes fines telles que spaghetti ou pipe, cette salade sera plus savoureuse chaude. Faites revenir aubergine, fenouil, poivron, asperges vertes, céleri en branches ou courgettes dans de l'huile d'olive et ajoutez-y du vinaigre de vin rouge ou du citron. Assaisonnez et mélangez. Complétez avec des olives, des câpres, des anchois, du pesto, du thon en boîte ou des herbes.

Soupe aux pâtes
Les mêmes légumes que pour la salade conviennent à cette recette. Faites-les cuire dans 1 litre de bouillon de légumes ou de volaille, éventuellement additionné d'un reste de sauce tomate. Ajoutez les pâtes, poudrez de parmesan, et servez avec du pain.

Entremets aux pâtes
Spécialité du Haut-Adige : faites revenir des pâtes plates grossièrement hachées dans 2 à 3 cuillerées à soupe de beurre. Ajoutez une poignée de raisins secs (macérés une nuit dans de la grappa, idéalement) et une cuillerée à café de sucre. Réchauffez et complétez avec une cuillerée à soupe de chapelure.

La recette n° 2 de tante Lucia

Spaghetti au faux parmesan

À l'époque où il courait encore en culotte courte dans la campagne des Pouilles, mon chéri italien demandait toujours à sa mère des spaghetti au parmesan pour le déjeuner. En ce temps-là, il n'y avait pas toujours de vrai parmesan, et de toute façon il coûtait trop cher. La mamma prenait alors trois ou quatre tranches de **pain blanc** du Sud (rassis ou non) et en enlevait la mie pour la rouler entre ses paumes. Ensuite elle faisait chauffer un doigt d'**huile d'olive** dans une grande poêle et y mettait la moitié d'une **gousse d'ail pelée**. Lorsque celle-ci était bien brunie, elle la sortait de la poêle et la remplaçait par la mie de pain. Une fois celle-ci dorée, elle l'ôtait également.
Pendant ce temps, elle avait fait cuire 400 grammes de **spaghetti** al dente, les avait égouttés et y avait incorporé un peu d'huile de la poêle. Elle servait alors à table quatre assiettes (car les grands-parents aussi étaient là) remplies de pâtes poudrées de poivre fraîchement moulu et parsemées du faux parmesan. Quand à la maison je n'ai pas de parmesan sous la main, je prépare cette recette à laquelle j'ajoute une poignée de persil haché.

Sugo al pomodoro
Sauce tomate

L'incontournable parmi les sauces pour pâtes

Selon la saison, l'envie, l'humeur et le temps disponible, des tomates fraîches ou en boîte.

Pour 4 personnes

Pour la sauce aux tomates fraîches :

500 g de tomates bien rouges et mûres
1 petite carotte
1 branche de céleri
1 oignon
2 gousses d'ail
1 cuillerée à café de feuilles de romarin frais
2 cuillerées à soupe d'huile d'olive
Sel, poivre noir du moulin
1 bouquet de basilic

Pour la sauce aux tomates en boîte :

1 grosse boîte de tomates pelées (800 g)
1 oignon, 2 gousses d'ail
1 cuillerée à soupe d'huile d'olive
2 cuillerées à café d'herbes italiennes séchées
Sel, poivre noir du moulin

Pour les deux sauces :

500 g de pâtes
Sel

1 Pour les tomates fraîches, ôtez leur pédoncule avec la pointe d'un couteau, puis mettez-les dans une jatte, arrosez-les d'une bonne quantité d'eau en ébullition, et attendez que leur peau se détache au niveau des parties coupées. Mettez-les ensuite dans une passoire et refroidissez-les sous l'eau courante. Pelez-les et coupez leur chair en dés.

2 Pelez et parez la carotte. Lavez le céleri. Coupez ces deux légumes en petits dés. Pelez l'oignon et l'ail et coupez-les en très petits morceaux. Hachez grossièrement le romarin.

3 Faites chauffer l'huile dans une cocotte, et faites-y fondre l'oignon et l'ail. Ajoutez la carotte et le céleri et faites-les cuire un instant. Ajoutez la tomate et le romarin, du sel et du poivre. Laissez mijoter au moins 20 minutes sur feu moyen, en remuant fréquemment. Si la sauce épaissit trop, allongez-la d'un peu d'eau.

4 Pour la version rapide : sortez les tomates de la boîte, égouttez-les et coupez-les en dés. Pelez l'oignon et l'ail et coupez-les en très petites parcelles. Faites chauffer l'huile comme pour la version précédente. Effeuillez les herbes avec les doigts. Faites fondre l'oignon et l'ail dans l'huile avec les herbes. Ajoutez les tomates, salez, poivrez et laissez mijoter au moins 10 minutes.

5 Pour les deux sauces, la règle est : la sauce attend les pâtes et non l'inverse. Pendant qu'elle mijote, faites bouillir 4 à 5 litres d'eau dans une cocotte. Ajoutez-y une cuillerée à soupe bombée de sel et les pâtes, et faites cuire celles-ci al dente sans oublier de les remuer. Après 7 minutes de cuisson, prélevez une pâte et vérifiez si elle est à point.

6 La sauce est prête, mais rectifiez l'assaisonnement en sel et en poivre. Pour la sauce fraîche, effeuillez le basilic, coupez-le en lanières et incorporez-le à la sauce.

7 Égouttez les pâtes dans une passoire. Transférez-les dans une jatte, incorporez la sauce et remuez. Répartissez les pâtes entre quatre assiettes creuses. Apportez à table un bon morceau de parmesan et une râpe.

Préparation et cuisson : 45 minutes pour la sauce fraîche et 20 minutes pour la version rapide
Servir avec des spaghetti, des linguine, des penne ou des fusilli
Calories par part : 530

Variantes :

Sugo aurora

Préparez la sauce avec les tomates, l'ail et l'huile seulement. Lorsqu'elle est prête, incorporez-y 100 grammes de crème bien fraîche (ou de la crème à cuire que l'on trouve dans les magasins de spécialités italiennes) et 1/2 bouquet de basilic haché ou 1/2 poignée de roquette.

Sugo all'arrabbiata

Préparez la sauce avec l'oignon, l'ail et 1 à 3 peperoncini séchés et écrasés au mortier. Une fois prête, incorporez-y du persil haché.

Pasta ai pomodori secchi

Égouttez 12 tomates séchées à l'huile et coupez-les en lanières. Faites dorer 2 cuillerées à soupe de pignons de pin dans 2 cuillerées à soupe d'huile d'olive. Ajoutez les tomates, 1 à 2 cuillerées à café de câpres et un bouquet de persil finement haché. Salez, poivrez et mélangez avec des spaghetti ou des tagliatelle.

Notre conseil

S'il vous reste du pesto, mettez-le dans un récipient hermétique et couvrez-le d'huile : il se conservera plusieurs jours au réfrigérateur.

Pesto

Indispensable !

Certaines personnes prétendent que le pesto n'est bon que si tous ses ingrédients sont pilés au mortier. Quant à nous, nous laissons ce travail minutieux au mixeur et obtenons un résultat tout aussi réussi.

Pour 8 personnes ou 2 fois 4 personnes

4 bouquets de basilic
2 gousses d'ail
100 g de pignons de pin
10 cl de la meilleure huile d'olive
50 g de parmesan fraîchement râpé
Sel, poivre noir du moulin
1 kg ou 500 g de pâtes, selon le cas

1 Effeuillez le basilic sans le laver. Si ses feuilles ne sont pas propres, frottez-les avec du papier absorbant. Pelez l'ail.

2 Si vous avez du temps et du courage, pilez le basilic, l'ail et les pignons ensemble dans un mortier. Sinon, mettez-les dans un mixeur et mixez à vitesse moyenne en ajoutant l'huile en filet. Incorporez le parmesan, du sel et du poivre. Le pesto est prêt.

3 Faites cuire les pâtes al dente. Mettez dans chaque assiette une cuillerée à café de pesto et une cuillerée à soupe de liquide de cuisson chaud des pâtes. Ajoutez les pâtes égouttées, mélangez, et dégustez sans attendre.

Préparation et cuisson : 15 minutes (au mixeur ou au moulin à légumes)
Servir avec des liguine, des trenette, ou toutes pâtes longues mais pas trop larges
Calories par part : 640

Spaghetti alla carbonara

Spaghetti à la sauce au lard et aux œufs

Bien plus crémeux que dans la plupart des ristoranti

Pour 4 personnes

Sel, 500 g de spaghetti

100 g de pancetta ou de lard de poitrine fumé

1 gousse d'ail

1 cuillerée à soupe d'huile d'olive

3 œufs très frais

5 à 6 cuillerées à soupe de crème

50 g de parmesan ou de pecorino fraîchement râpé, ou des deux mélangés

Poivre noir du moulin

1 Dans une grande cocotte, faites bouillir 4 à 5 litres d'eau additionnée d'une cuillerée à soupe de sel. Ajoutez-y les spaghetti en les enfonçant à l'aide d'une cuillère en bois jusqu'à ce qu'ils soient tous immergés. Faites-les cuire al dente, soit environ 8 minutes (avant le terme desquelles il n'est pas interdit de vérifier le degré de cuisson). Préchauffez une jatte et quatre assiettes creuses au four à 50 °C.

2 Pendant ce temps, coupez la pancetta ou le lard en dés. Pelez l'ail et coupez-le finement. Faites chauffer l'huile, et faites-y revenir la pancetta et l'ail jusqu'à ce qu'ils soient dorés, tout en remuant souvent.

3 Mettez les œufs, la crème et le fromage dans la jatte préchauffée et mélangez bien. Égouttez les pâtes et ajoutez-les dans la jatte avec la pancetta. Poivrez, remuez bien et répartissez entre les assiettes.

Préparation et cuisson : 15 minutes
Calories par part : 750

Pasta all'amatriciana

Pâtes à la sauce au lard

Une spécialité du Sud

Pour 4 fans des pâtes

1 oignon blanc doux

100 g de pancetta ou de lard fumé

2 à 3 peperoncini séchés

300 g de tomates

1 cuillerée à soupe d'huile d'olive

5 cuillerées à soupe de vin blanc sec, sel

500 g de pâtes (bucatini, spaghetti, pâtes plates étroites, perciatelli...)

1 Pelez l'oignon et coupez-le en dés. Coupez le lard en petits morceaux. Pilez les peperoncini au mortier ou émiettez-les entre les doigts. (Attention : le piment collant aux doigts, même si vous les lavez, ne vous frottez pas les yeux.) Ôtez le pédoncule des tomates et ébouillantez celles-ci. Passez-les sous l'eau froide, pelez-les et coupez-les en dés.

2 Faites chauffer l'eau pour les pâtes. Faites chauffer l'huile dans une grande poêle, ajoutez-y le lard, et faites-le revenir sur feu moyen en remuant sans cesse. Ajoutez l'oignon et les peperoncini. Mouillez avec le vin, ajoutez les tomates et mélangez bien le tout. Laissez mijoter la sauce environ 10 minutes, sans couvrir.

3 Salez l'eau des pâtes, plongez-y celles-ci, remuez bien et faites-les cuire al dente. Salez la sauce. Égouttez les pâtes, ajoutez-les dans la poêle et mélangez bien. Servez sans attendre.

Préparation et cuisson : 30 minutes
Calories par part : 660

Pasta al prosciutto e panna

Pâtes à la sauce crémeuse au jambon

Préparation de la sauce plus rapide que la cuisson des pâtes

Pour 4 impatients

Sel, 500 g de pâtes (tagliatelle, spaghetti, farfalle, fusilli...)

150 g de jambon cuit

1 tomate, 150 g de crème

1/2 bouquet de persil

Piment en poudre

1 Dans un faitout, portez à ébullition 4 à 5 litres d'eau additionnée d'une cuillerée à soupe de sel. Faites cuire les pâtes al dente.

2 Pendant ce temps, ôtez du jambon sa bordure de gras (le cas échéant) et coupez-le en carrés. Lavez la tomate, ôtez son pédoncule et coupez sa chair en dés. Réduisez jambon et tomate en purée grossière avec la crème (au mixeur ou au moulin à légumes).

3 Lavez et essuyez le persil. Détachez-en les feuilles et hachez-les finement, puis incorporez-les à la crème au jambon et assaisonnez de sel et de piment en poudre.

4 Versez les pâtes dans la passoire, égouttez-les et remettez-les dans le faitout. Incorporez la crème au jambon et mélangez jusqu'à ce que celle-ci soit chaude. Répartissez les pâtes entre les assiettes et dégustez.

Préparation et cuisson : 10 à 15 minutes
Calories par part : 650

Pasta al sugo di salsicce

Pâtes et sauce à la saucisse

Pour 4 affamés

2 ou 3 salsicce (saucisse de porc italienne) ou 300 g d'une autre saucisse fumée

1 oignon

2 gousses d'ail

1 cuillerée à soupe d'huile d'olive

1 cuillerée à café de graines de fenouil

1 petite boîte de tomates pelées (400 g)

Sel, poivre noir du moulin ou piment en poudre

500 g de pâtes (macaroni, penne, rigatoni, orecchiette...)

1/2 poignée de roquette

1 Prélevez la chair des saucisses et émiettez-la avec les doigts (pour éviter que la sauce ne soit trop épaisse). Pelez l'oignon et l'ail et coupez-les très finement.

2 Faites chauffer l'huile, puis faites-y revenir la chair des saucisses de toutes parts. Ajoutez l'oignon, l'ail et les graines de fenouil et faites-les revenir brièvement.

3 Coupez les tomates en dés, ajoutez-les à la saucisse, salez (attention, la saucisse est salée aussi) et poivrez ou ajoutez du piment. Laissez mijoter au moins 20 minutes sur feu moyen, sans couvrir.

4 Pendant ce temps, mettez 4 à 5 litres d'eau et une cuillerée à soupe de sel dans un faitout. Portez à ébullition, versez les pâtes, remuez et faites cuire al dente.

5 Lavez et coupez la roquette, puis incorporez-la à la sauce après avoir rectifié son assaisonnement. Égouttez les pâtes, répartissez-les entre quatre assiettes creuses et nappez-les de la sauce. Servez avec du pain et, éventuellement, du parmesan.

Préparation et cuisson : 20 minutes
Calories par part : 855

Spaghetti al limone
Spaghetti au citron

Très, très frais !

Pour 4 personnes, en été

Sel, 500 g de spaghetti

2 gousses d'ail

2 citrons non traités

1 cuillerée à soupe de beurre

200 g de petits pois frais écossés

250 g de crème bien fraîche

Poivre noir du moulin

1 Faites bouillir 4 litres d'eau avec une cuillerée à soupe de sel. Ajoutez-y les pâtes, enfoncez-les dans l'eau et faites-les cuire al dente.

2 Pendant ce temps, pelez et émincez l'ail en fines lamelles. Brossez les citrons sous l'eau chaude et essuyez-les. Prélevez leur zeste en omettant la partie blanche amère, et hachez-le finement. Coupez un citron en deux et pressez-le.

3 Faites fondre le beurre dans une cocotte. Faites-y revenir l'ail et les petits pois. Incorporez la crème et le zeste de citron et laissez épaissir sur feu moyen. Versez 2 cuillerées à soupe de jus de citron et remuez. Salez et poivrez.

4 Égouttez les pâtes, ajoutez-les dans la cocotte et mélangez. Répartissez-les entre quatre assiettes creuses et dégustez.

Préparation et cuisson : 15 minutes
Calories par part : 710

Pasta al gorgonzola
Pâtes au gorgonzola

Très goûteuses

Pour 4 personnes

200 g de gorgonzola

1 petit oignon

2 gousses d'ail

1 cuillerée à soupe de beurre

400 g de crème

500 g de pâtes (tagliatelle nature ou vertes, spaghetti, penne...)

Sel, poivre noir du moulin

1 Ôtez le papier du gorgonzola et coupez le fromage en dés. Pelez l'oignon et l'ail et coupez-les très finement.

2 Faites fondre le beurre, et faites-y revenir l'oignon et l'ail. Réduisez le feu à très basse température. Ajoutez le fromage et la crème et réchauffez en remuant, jusqu'à ce que le fromage soit fondu et la sauce épaisse.

3 Pendant ce temps, faites cuire les pâtes dans 4 à 5 litres d'eau additionnée d'une cuillerée à soupe de sel. Transférez-les dans une passoire et laissez-les égoutter.

4 Poivrez la sauce et salez-la avec précaution (le fromage étant très salé). Mélangez la sauce avec les pâtes et répartissez entre des assiettes creuses.

Préparation et cuisson : 20 minutes
Calories par part : 960

Variante :

Quattro formaggi (Sauce aux quatre fromages)

Coupez en dés 200 grammes de fromages mélangés (1 à pâte dure comme le pecorino, 1 à pâte mi-cuite comme la fontina ou le taleggio, 1 à pâte persillée comme le gorgonzola, 1 à pâte molle comme la mozzarella), soit 50 grammes de chacun. Faites fondre 1 oignon finement coupé dans une cuillerée à soupe d'huile, puis incorporez-y 1/4 de litre de bouillon (de légumes de préférence) et le fromage. Laissez fondre en remuant. Ajoutez 1 poignée de roquette hachée et 500 grammes de pâtes cuites. Mélangez bien et assaisonnez.

Pasta alla verdura
Pâtes aux légumes

Senza carne

Pour 4 végétariens

1 petite aubergine (environ 150 g)

1 courgette, 1 poivron jaune

1 oignon, 2 gousses d'ail

3 cuillerées à soupe d'huile d'olive

1 petite boîte de tomates pelées (400 g)

Sel, poivre noir du moulin

500 g de penne ou de fusilli

1/2 bouquet de basilic, 125 g de mozzarella

1 Lavez, parez et coupez en dés de 1 centimètre l'aubergine, la courgette et le poivron. Pelez l'oignon et l'ail et coupez-les finement.

2 Faites chauffer l'huile. Faites-y fondre l'oignon, l'ail et les légumes. Coupez les tomates en dés et ajoutez-les avec leur jus. Salez, poivrez et couvrez. Laissez mijoter environ 20 minutes sur feu moyen en remuant plusieurs fois.

3 Pendant ce temps, faites bouillir 4 à 5 litres d'eau avec une cuillerée à soupe de sel. Ajoutez les pâtes, et faites-les cuire al dente en les remuant.

4 Coupez les feuilles de basilic en lanières. Coupez la mozzarella en dés. Ajoutez le basilic et la mozzarella aux légumes. Couvrez et laissez fondre le fromage.

5 Égouttez les pâtes dans une passoire, incorporez-les à la sauce et dégustez.

Préparation et cuisson : 40 minutes, dont 25 de travail effectif
Calories par part : 650

Pasta agli asparagi
Pâtes aux asperges et aux crevettes

Élégant, tout simplement

Pour 3 convives et 1 maître(sse) de maison

400 g d'asperges vertes

1 oignon

2 gousses d'ail

150 g de crevettes cuites décortiquées

Sel, 500 g de tagliatelle ou de linguine

1 cuillerée à soupe d'huile d'olive

100 g de crème

Poivre noir du moulin

Noix de muscade

1 Lavez les asperges à l'eau froide, ôtez-en l'extrémité dure (après avoir vérifié au couteau la limite entre partie dure et partie tendre), puis coupez-les en tronçons de 1 centimètre de longueur. Pelez l'oignon et l'ail et coupez-les très finement. Égouttez les crevettes et coupez-les grossièrement.

2 Portez 4 à 5 litres d'eau à ébullition dans un faitout. Ajoutez-y une cuillerée à soupe bombée de sel, puis les pâtes. Enfoncez celles-ci dans l'eau à l'aide d'une cuillère en bois et faites-les cuire al dente.

3 Pendant que l'eau chauffe, préparez la sauce. Faites chauffer l'huile dans une cocotte et faites-y fondre les asperges, l'oignon et l'ail. Mouillez avec une louchée d'eau de cuisson des pâtes, couvrez et laissez mijoter 10 minutes sur feu doux.

4 Ôtez le couvercle, incorporez la crème et augmentez le feu pour la faire épaissir un peu. Ajoutez les crevettes, remuez et réchauffez-les. Ajoutez du sel, du poivre et de la muscade à volonté.

5 Égouttez les pâtes, incorporez-les à la sauce et mangez chaud. Sans fromage !

Préparation et cuisson : 20 minutes
Calories par part : 610

Spaghetti alle vongole
Spaghetti aux palourdes

La saveur de la mer

Pour 4 personnes

1 kg de palourdes

Sel, 500 g de spaghetti

2 gousses d'ail

200 g de tomates

4 cuillerées à soupe d'huile d'olive

1 gros bouquet de persil

Poivre noir du moulin

1 peperoncino séché (facultatif)

1 Lavez les palourdes à l'eau courante dans une passoire. Elles doivent se fermer : jetez celles qui restent ouvertes.

2 Portez 4 à 5 litres d'eau à ébullition dans un faitout avec une cuillerée à soupe de sel. Ajoutez-y les pâtes en les enfonçant à l'aide d'une cuillère en bois, et faites-les cuire al dente.

3 Pendant que l'eau chauffe, préparez la sauce. Pelez l'ail et coupez-le en lamelles, puis en bâtonnets. Lavez les tomates et coupez-les en petits dés.

4 Dans une cocotte ou une grande poêle, faites chauffer 2 cuillerées à soupe de l'huile. Ajoutez les palourdes et l'ail, couvrez et faites chauffer 5 minutes à feu vif. Les coquillages doivent s'ouvrir : jetez ceux qui resteraient fermés.

5 Laissez quelques palourdes dans leur coquille pour la décoration, et décoquillez les autres à l'aide d'une fourchette ou d'une pince. Tamisez le liquide de cuisson à travers un filtre à café afin d'en éliminer toute trace de sable. Lavez et essuyez le persil, puis coupez très finement ses feuilles.

6 Faites chauffer les 2 cuillerées à soupe d'huile restantes dans une cocotte. Ajoutez les tomates et réchauffez-les. Ajoutez la chair des palourdes avec leur jus filtré, le persil, du sel, du poivre et, le cas échéant, le peperoncino. Laissez mijoter environ 3 minutes, sans couvrir, sur feu doux.

7 Égouttez les pâtes cuites al dente. Ajoutez-les à la sauce et mélangez bien. Remplissez des assiettes préchauffées, décorez-les des coquillages réservés, et dégustez sans attendre.

Préparation et cuisson : 30 minutes
Calories par part : 775

Variantes :

Pour ce plat de pâtes très connu sur tout le littoral italien, le fait d'employer ou non du peperoncino n'est pas la seule variante possible. On peut également le préparer sans tomates, avec le liquide de cuisson des palourdes seulement. Ou bien ajouter d'autres herbes que le persil. Une autre variante consiste à y incorporer quelques lanières de calmar ou d'autres coquillages. Enfin, un soupçon de zeste de citron râpé ne peut qu'agrémenter l'ensemble.

Pasta siciliana

Pâtes à la sauce tomate aux amandes

L'été sicilien : pâtes chaudes et sauce froide

Pour 4 curieux

Sel, 500 g de spaghetti ou de macaroni

350 g de tomates mûres mais fermes

1 gros bouquet de basilic

3 gousses d'ail

80 g d'amandes mondées

2 cuillerées à soupe de la meilleure huile d'olive

Poivre noir du moulin

1 Versez 5 litres d'eau dans un faitout et ajoutez-y une bonne cuillerée à soupe de sel. Couvrez et portez à ébullition. Lorsque l'eau bout, versez-y les pâtes et enfoncez-les à l'aide d'une cuillère en bois. Faites-les cuire al dente.

2 Pendant ce temps, préparez la sauce. Lavez les tomates, ôtez leur pédoncule et coupez leur pulpe en dés, en enlevant une partie des graines avec les doigts. Effeuillez le basilic et pelez l'ail.

3 Réduisez l'ail et les amandes en purée dans un mixeur ou un robot ménager. Ajoutez les tomates, le basilic et l'huile, et mixez jusqu'à ce que la sauce soit homogène. Salez et poivrez.

4 Égouttez les pâtes et mélangez-les avec la sauce dans un plat préchauffé.

Préparation et cuisson : 15 minutes
Calories par part : 630

Spaghetti alla puttanesca

Spaghetti à la sauce tomate pimentée

Un plat très relevé !

Pour 4 personnes

6 à 8 filets d'anchois à l'huile

2 gousses d'ail

1 peperoncino rouge frais

Sel, 500 g de spaghetti

4 cuillerées à soupe d'huile d'olive

1 petite boîte de tomates pelées (400 g)

10 cl de vin rouge sec

2 cuillerées à soupe de câpres

2 cuillerées à soupe d'olives noires

1 Égouttez les filets d'anchois et hachez-les finement. Pelez l'ail et coupez-le très finement. Lavez le peperoncino et ôtez-en le pédoncule. Si vous aimez le piment fort, coupez-le en dés en laissant les graines et les filaments blancs. Et n'oubliez pas que sa saveur colle aux doigts, même si vous vous lavez les mains. Attention à vos yeux !

2 Faites bouillir 4 à 5 litres d'eau dans un faitout avec une cuillerée à soupe de sel. Ajoutez les pâtes et enfoncez-les dans l'eau à l'aide d'une cuillère en bois. Faites-les cuire al dente.

3 Pendant que l'eau des pâtes chauffe, continuez la préparation de la sauce. Faites chauffer l'huile dans une cocotte. Incorporez-y les anchois, l'ail et le peperoncino et faites cuire brièvement. Coupez les tomates en dés et ajoutez-les dans la cocotte avec le vin. Laissez mijotez 10 minutes sur feu moyen, sans couvrir.

4 Égouttez les câpres. Dénoyautez les olives et coupez leur pulpe en lanières. Incorporez à la sauce et salez. Égouttez les pâtes et mélangez-les avec la sauce.

Préparation et cuisson : 30 minutes
Servir avec du pain frais, un vin rouge et sans fromage
Calories par part : 600

Spaghetti aglio olio peperoncino

Spaghetti à l'ail, à l'huile et au peperoncino

Lorsque les placards sont presque vides

Pour 4 personnes, à l'improviste

Sel, 500 g de spaghetti

4 gousses d'ail

1 à 4 peperoncini séchés (selon la grosseur et l'envie de piment)

Quelques brins de persil (si vous en avez en réserve)

6 cuillerées à soupe de la meilleure huile d'olive

1 Faites bouillir 5 litres d'eau additionnée d'une bonne cuillerée à soupe de sel. Versez les pâtes en les enfonçant dans l'eau à l'aide d'une cuillère en bois. Faites-les cuire al dente.

2 Pelez l'ail, coupez leurs gousses en deux puis en lamelles. Émiettez les peperoncini avec les doigts. Hachez les feuilles de persil. Faites chauffer l'huile 1 minute dans une cocotte avec l'ail, les peperoncini et le persil. Ne faites pas trop chauffer l'huile pour ne pas faire brûler l'ail, qui deviendrait amer.

3 Égouttez les pâtes, incorporez-les à la sauce et dégustez sans attendre.

Préparation et cuisson : 15 minutes
Servir avec un vin rouge puissant
Calories par part : 590

Spaghetti al tonno

Spaghetti à la sauce au thon

Si simples, si bons

Pour 4 personnes ayant assez faim

1 poivron jaune

3 tomates, 1/2 bouquet de persil

1 oignon, 2 gousses d'ail

4 filets d'anchois à l'huile

Sel, 500 g de spaghetti

2 cuillerées à soupe d'huile d'olive

1 boîte de thon au naturel (150 g)

Poivre noir du moulin

1 Lavez le poivron, coupez-le en quatre, ôtez-en le pédoncule, les filaments et les graines, puis coupez sa pulpe en dés. Lavez les tomates et coupez-les en très petits dés. Les morceaux de peau n'altéreront pas la sauce.

2 Lavez le persil, essuyez-le, puis coupez ses feuilles finement. Pelez l'oignon et l'ail et coupez-les très finement. Égouttez les filets d'anchois et coupez-les, toujours finement.

3 Posez un faitout sur le feu et versez-y 4 à 5 litres d'eau. Ajoutez une bonne cuillerée à soupe de sel, couvrez et portez à ébullition. Lorsque l'eau bout, ajoutez les spaghetti et enfoncez-les dans l'eau à l'aide d'une cuillère en bois. Faites-les cuire al dente. Au bout de 7 minutes, prélevez un spaghetti et vérifiez sa cuisson.

4 Dès que le faitout est sur le feu, reprenez la préparation de la sauce. Faites chauffer l'huile et faites-y revenir poivron, oignon et ail. Ajoutez persil, tomates et anchois. Laissez mijoter environ 8 minutes à découvert et sur feu moyen, jusqu'à ce que le poivron soit al dente.

5 Égouttez le thon, effeuillez-le, ajoutez-le au mélange au poivron et réchauffez-le. Salez et poivrez la sauce. Égouttez les pâtes, mélangez-les à la sauce et apportez le tout à table. Ne servez pas avec du fromage râpé, car il ne s'accorde pas avec le poisson.

Préparation et cuisson : 20 minutes
Calories par part : 560

Orecchiette alla pugliese
Pâtes aux brocolis

« Petites oreilles » pimentées des Pouilles

Pour 4 personnes

Sel, 500 g d'orecchiette

500 g de brocolis

4 à 8 filets d'anchois à l'huile

2 à 4 gousses d'ail

1 ou 2 peperoncini séchés

4 cuillerées à soupe de la meilleure huile d'olive

1 Portez à ébullition 5 litres d'eau additionnée d'une cuillerée à soupe de sel. Versez les pâtes, remuez-les et faites-les cuire al dente. Le temps de cuisson des orecchiette est un peu plus long que pour les autres pâtes. Comptez environ 12 minutes, mais vous pouvez vérifier la cuisson entre-temps.

2 Dès que vous avez mis l'eau des pâtes à chauffer, occupez-vous des légumes. Lavez les brocolis et séparez-les en bouquets. Pelez les tiges et coupez-les en rondelles d'environ 1/2 centimètre d'épaisseur (recoupez en deux les plus grosses rondelles). Après 8 minutes de cuisson des pâtes, ajoutez-leur les brocolis.

3 Égouttez les filets d'anchois et coupez-les finement. Pelez l'ail et coupez-le en rondelles, puis en bâtonnets. Pilez les peperoncini au mortier.

4 Égouttez les pâtes et les brocolis. Mettez l'huile, les anchois, l'ail et les peperoncini dans le faitout. Incorporez les pâtes et les brocolis et mélangez bien. Rectifiez l'assaisonnement en sel. Répartissez les pâtes entre les assiettes et servez.

Préparation et cuisson : 15 minutes
Calories par part : 590

Un conseil venant des Pouilles

Ce plat ne se prépare pas nécessairement avec des brocolis. Dans sa patrie d'origine, les Pouilles, on utilise des cima di rape, c'est-à-dire les feuilles d'un légume de la famille du navet et formé, comme le brocoli, de petits bouquets. En France, cet ingrédient est rare. On peut également employer des bettes, des lanières de chou frisé ou des épinards.

Pasta ai funghi
Pâtes aux champignons

Un réel bonheur

Pour 4 personnes

10 g de cèpes séchés (on peut les omettre, mais ils ajoutent une grande saveur)

300 g de champignons de Paris

Sel, 500 g de tagliatelle ou de pâtes plus larges

2 gousses d'ail

1 gros bouquet de persil

2 cuillerées à soupe d'huile d'olive

100 g de crème

1 cuillerée à café de jus de citron

Poivre noir du moulin

1 Mettez les cèpes séchés dans une assiette creuse et couvrez-les d'eau tiède. Laissez-les reposer environ 30 minutes, jusqu'à ce qu'ils soient ramollis, puis ôtez-les de l'assiette et coupez-les finement. Réservez l'eau au cas où il serait nécessaire d'allonger la sauce.

2 Nettoyez les champignons de Paris à l'aide de papier absorbant. Coupez leurs pieds et émincez le reste en fines lamelles.

3 Dans un faitout, portez à ébullition 5 litres d'eau additionnée d'une cuillerée à soupe de sel. Versez les pâtes, remuez de façon qu'elles soient toutes dans l'eau, et faites-les cuire al dente.

4 Dès que le faitout est sur le feu, reprenez la préparation de la sauce. Pelez l'ail et coupez-le très finement. Lavez le persil, effeuillez-le et coupez ses feuilles très finement. Réservez une cuillerée à soupe de persil ciselé dans une soucoupe et couvrez.

5 Faites chauffer l'huile dans une poêle de taille moyenne. Ajoutez-y les cèpes et les champignons de Paris, et faites-les revenir environ 5 minutes sur feu moyen. Remuez souvent. Une fois que les champignons ont rendu leur eau, poursuivez la cuisson jusqu'à ce qu'elle se soit évaporée.

6 Incorporez l'ail, le persil, la crème et le jus de citron aux champignons. Salez et poivrez. Si la sauce n'est pas suffisamment épaisse, allongez-la d'un peu d'eau de trempage des cèpes. Égouttez les pâtes, puis mélangez-les avec la sauce et le persil réservé. Rectifiez l'assaisonnement, et servez avec du fromage râpé pour ceux qui en voudront.

Préparation et cuisson : 25 minutes (plus 30 minutes de trempage pour les cèpes)
Calories par part : 580

Pasta al ragù di coniglio
Pâtes au ragoût de lapin

Tout en finesse

Pour 4 personnes

400 g de lapin désossé (acheté tel quel ou désossé par vous-même ou par le boucher)

50 g de pancetta ou de lard fumé

1 oignon, 2 gousses d'ail

2 branches de céleri

3 tomates

4 ou 5 brins de romarin

2 cuillerées à soupe d'huile d'olive

10 cl de vin blanc sec

Sel, poivre noir du moulin

500 g de pappardelle, de tagliatelle ou de macaroni

1 Rincez la viande sous l'eau froide, essuyez-la et coupez-la en petits morceaux. Coupez la pancetta (ou le lard fumé) en petits dés. Pelez l'oignon et l'ail et ciselez-les très finement. Lavez le céleri et coupez-le en petits morceaux. Lavez les tomates et coupez-les en dés pour que leur peau n'altère pas le plat. Lavez le romarin et coupez finement ses feuilles.

2 Faites chauffer l'huile. Ajoutez la pancetta et la viande, puis remuez jusqu'à ce que cette dernière soit saisie. Incorporez l'oignon, l'ail, le céleri et le romarin et faites-les revenir brièvement.

3 Ajoutez les tomates et le vin, remuez, salez et poivrez. Laissez mijoter au moins 30 minutes sur feu doux, sans couvrir. La cuisson peut être plus longue, à condition que le feu soit vraiment bas.

4 Versez 5 litres d'eau dans un grand faitout et ajoutez-y une cuillerée à soupe de sel. Portez à ébullition, puis ajoutez les pâtes. Remuez-les, et faites-les cuire al dente. Après 7 minutes de cuisson environ, prélevez une pâte et goûtez-la. (Les pappardelle ou les macaroni ne doivent pas être trop tendres.)

5 Égouttez les pâtes et répartissez-les entre les assiettes. Rectifiez l'assaisonnement de la sauce au lapin et, pour les amateurs, ajoutez éventuellement une pincée de cannelle. Nappez les pâtes de la sauce et servez.

Préparation et cuisson : 1 h 15, dont 35 minutes de travail effectif
Servir avec des pignons de pin grillés, du pain blanc croustillant, un vin blanc, de l'eau et une salade de roquette
Calories par part : 750

Ravioli

Un travail minutieux, pour de bons amis

Cette pâte n'est pas seulement destinée aux ravioli. Vous pouvez la découper en pâtes de la longueur et la largeur que vous souhaitez et accompagner celles-ci de l'une des sauces des pages précédentes.

Pour 6 convives de choix

Pour la pâte :

400 g de farine

4 œufs

1 cuillerée à soupe d'huile d'olive

1 cuillerée à café de sel

Pour la farce :

500 g d'épinards congelés

250 g de ricotta fraîche (à défaut, employez du fromage blanc non allégé)

1 gros œuf

100 g de parmesan ou de pecorino fraîchement râpé

1 ou 2 gousses d'ail

Sel, poivre noir du moulin

En plus :

Farine pour la surface de travail

Pour servir :

4 ou 5 brins de sauge fraîche

3 cuillerées à soupe de beurre

3 cuillerées à soupe d'huile d'olive

1 morceau de parmesan

1 Commencez par la garniture. Sortez les épinards de leur emballage et faites-les décongeler dans une passoire. Comptez 4 bonnes heures. Si vous n'avez pas le temps, faites-les cuire comme indiqué sur l'emballage et laissez-les refroidir.

2 Pour la pâte, mélangez la farine, les œufs, l'huile et le sel dans une jatte jusqu'à ce que l'ensemble obtenu soit relativement homogène. Transférez la pâte sur une surface de travail et pétrissez-la jusqu'à ce qu'elle soit parfaitement homogène et légèrement luisante. Elle doit être ferme, c'est-à-dire ne pas coller aux doigts. Ramassez-la en boule, enveloppez-la dans un linge propre et laissez-la reposer au moins 30 minutes à température ambiante.

3 Pendant ce temps, préparez la farce. Exprimez toute l'eau des épinards, soit avec les mains, soit en les séchant dans un linge propre. Hachez-les finement.

4 Mettez la ricotta, l'œuf et le fromage dans une jatte. Pelez l'ail et écrasez-le au-dessus de la jatte à l'aide d'un presse-ail. Ajoutez les épinards, salez, poivrez et mélangez bien le tout.

5 Sortez la pâte du linge, pétrissez-la de nouveau et divisez-la en quatre portions. Cela fait, prenez-en une et remettez les trois autres dans le linge pour qu'elles ne sèchent pas.

6 Farinez la surface de travail, posez votre portion de pâte dessus, et abaissez-la dans toutes les directions sur une très fine épaisseur. Coupez-la en carrés d'environ 6 centimètres de côté. Placez environ une cuillerée à café de farce sur une moitié de chaque carré, et rabattez l'autre moitié sur la farce. Plongez les dents d'une fourchette dans la farine et pressez ensemble les bords de chaque ravioli.

7 Préparez tous les ravioli et étalez-les côte à côte sur un linge : ils pourront ainsi attendre les invités pendant des heures ; mais vous pouvez aussi les faire cuire tout de suite.

8 Dans un faitout, portez à ébullition au moins 5 litres d'eau additionnée d'une bonne cuillerée à soupe de sel. Plongez-y les ravioli avec précaution pour ne pas vous éclabousser. Faites-les cuire 3 à 4 minutes : les pâtes fraîches n'ont pas besoin de plus.

9 Pendant ce temps, effeuillez la sauge. Puis faites chauffer l'huile et le beurre et faites-y revenir la sauge. Égouttez les ravioli. Répartissez-les entre des assiettes préchauffées et arrosez-les du beurre à la sauge. Apportez les assiettes à table avec le parmesan et la râpe.

Préparation et cuisson : 2 heures (hors décongélation)
Calories par part : 575

Notre conseil

Pour prolonger le plaisir

Préparez une double quantité de ravioli et congelez-en la moitié. Lorsque vous en aurez besoin, plongez-les 1 à 2 minutes dans de l'eau salée bouillante.

Autres suggestions de farce :

À la viande :

Coupez en dés 400 grammes de veau, de volaille ou de lapin, puis faites-les revenir 5 minutes dans 2 cuillerées à soupe d'huile avec 50 grammes de lard, 1 carotte et 1 oignon coupés en dés. Réduisez le tout en purée avec une cuillerée à soupe de ricotta, de mascarpone ou de crème, 2 œufs et 3 cuillerées à soupe de parmesan râpé. Salez et poivrez.

Au potiron :

Écrasez finement 400 grammes de chair de potiron cuit. Ajoutez 50 grammes de pignons de pin hachés, 2 gousses d'ail écrasées, 100 grammes de parmesan râpé, 1 bouquet de basilic haché et 1 œuf. Salez, poivrez et, le cas échéant, ajoutez du peperoncino.

Aux artichauts :

Réduisez en purée grossière 200 grammes de cœurs d'artichauts en boîte. Incorporez-y 100 grammes de mascarpone, 50 grammes de fromage râpé et 1 œuf. Incorporez 1/2 bouquet de persil haché, du zeste de citron, du sel et du poivre.

Lasagne

Du travail, mais un succès garanti !

La recette classique, où l'on fait soi-même la pâte, n'est pas faite pour les paresseux. Mais, quand ceux-ci sauront qu'ils peuvent s'épargner une grande part du travail en optant pour des plaques de lasagne prêtes à l'emploi (à précuire ou non), ils n'auront plus aucun prétexte pour ne pas s'y essayer.

Pour 6 affamés

Pour le ragù bolognese :

1 carotte

1 branche de céleri

50 g de pancetta ou de lard de poitrine fumé

1 oignon

2 gousses d'ail

1 cuillerée à soupe de beurre

1 cuillerée à soupe d'huile d'olive

300 g de viandes hachées mélangées

1 petite boîte de tomates pelées (400 g)

300 ml de vin rouge et de bouillon de bœuf mélangés, ou de bouillon seulement

Sel, poivre noir du moulin

Pour la sauce béchamel :

50 g de beurre, 50 g de farine

75 cl de lait

Sel, poivre noir du moulin

Noix de muscade fraîchement râpée

En plus :

Environ 250 g de lasagne (voir ci-contre, à gauche)

Sel, 200 à 250 g de mozzarella

100 g de parmesan fraîchement râpé

1 cuillerée à soupe de beurre

1 Pour le ragù bolognese (qui se prépare de la même façon que pour les spaghetti), pelez la carotte et lavez le céleri, puis coupez-les en très petits dés. Coupez aussi la pancetta en dés. Pelez l'oignon et l'ail et coupez-les également en dés.

2 Faites chauffer le beurre et l'huile dans une poêle ou une cocotte. Ajoutez la pancetta, les légumes, l'oignon et l'ail, puis faites-les revenir. Incorporez la viande hachée et faites-la cuire, en remuant, jusqu'à ce qu'elle forme des grumeaux. Avec le dos d'une cuillère en bois, cassez les gros morceaux.

3 Coupez les tomates en boîte et ajoutez-les à la viande avec le vin et le bouillon de bœuf. Salez et poivrez légèrement. Couvrez et laissez mijoter 1 heure à feu doux. Rectifiez l'assaisonnement.

4 Pour la sauce béchamel, faites fondre le beurre dans une cocotte sans le laisser noircir. Versez la farine en pluie et remuez bien. Continuez à remuer jusqu'à ce que le roux soit homogène. Versez le lait par petites quantités, en remuant au fouet pour éviter la formation de grumeaux. Laissez la sauce mijoter 10 minutes sur feu doux. Salez, poivrez et muscadez.

5 Si vous avez opté pour les lasagne à précuire, portez 5 litres d'eau salée à ébullition puis faites-y cuire les lasagne 4 à 5 minutes, jusqu'à ce qu'elles soient assez tendres. Rafraîchissez-les ensuite sous l'eau froide.

6 Coupez la mozzarella en dés. Préchauffez le four à 200 °C (chaleur tournante : 180 °C sans préchauffage). Versez un peu de sauce béchamel dans un grand plat à gratin rectangulaire. Recouvrez de lasagne, puis de ragù, de béchamel et de mozzarella, en renouvelant l'opération jusqu'à épuisement des ingrédients et en terminant par une couche de béchamel. Poudrez de parmesan râpé et parsemez de copeaux de beurre. Faites cuire les lasagne 40 minutes, pendant lesquelles vous pourrez mettre le couvert et vous reposer.

Préparation et cuisson : 2 bonnes heures, dont 40 minutes de détente
Servir avec un vin rouge et une grosse salade
Calories par part : 720

Lasagne veloci
Lasagne express

Une nouveauté

Pour 4 personnes, en repas léger
300 g de petits pois cuits surgelés
Sel, 16 plaques de lasagne nature
300 g de saumon fumé ou 200 g de jambon cuit
250 g de ricotta fraîche
100 g de crème
1 cuillerée à soupe de jus de citron et le zeste râpé de 1/2 citron non traité
Poivre noir du moulin
1 bouquet de basilic
2 cuillerées à soupe de pignons de pin
2 cuillerées à soupe de parmesan ou de pecorino fraîchement râpé
2 ou 3 cuillerées à soupe d'huile d'olive

1 Sortez les petits pois de leur emballage, cassez le bloc en morceaux et laissez-les décongeler.

2 Versez 4 à 5 litres d'eau dans un faitout et ajoutez-y une cuillerée à soupe de sel. Portez à ébullition, plongez-y les lasagne et faites-les cuire al dente. Transférez-les dans une passoire, puis rafraîchissez-les sous l'eau froide et laissez-les égoutter. Il est préférable de les placer côte à côte pour qu'elles ne collent pas entre elles.

3 Vérifiez que le saumon est bien désarêté (si vous sentez des arêtes sous vos doigts, ôtez-les à l'aide d'une pince), puis coupez-le en fines lanières. Si vous avez opté pour le jambon, ôtez sa bordure de gras et coupez-le également en lanières.

4 Mélangez la ricotta, la crème, le jus et le zeste de citron dans une jatte. Salez et poivrez. Lavez le basilic, essuyez-le et effeuillez-le.

5 Préchauffez le four à 225 °C (chaleur tournante : 200 °C). Pendant ce temps, préparez un grand plat à gratin ou quatre plats individuels.

6 Si vous avez choisi des plats individuels, garnissez chacun d'une plaque de lasagne, d'un peu de saumon, de petits pois et de basilic. Puis étalez du mélange à la ricotta et recouvrez d'une plaque de lasagne. Répétez l'opération jusqu'à épuisement des ingrédients (soit 4 plaques par plat). Si vous avez choisi un grand plat, rangez-y les 4 portions côte à côte.

7 Pour finir, mélangez les pignons de pin avec le fromage et parsemez-en les lasagne, puis arrosez la surface d'huile d'olive. Il ne reste plus alors qu'à cuire les lasagne à mi-hauteur du four pendant environ 10 minutes, ou jusqu'à ce que la surface soit dorée.

Préparation et cuisson : 40 minutes, dont environ 30 minutes de travail effectif
Servir avec du pain frais et un vin blanc ou du prosecco
Calories par part : 725

Variante :

Lasagne végétariennes

Lavez 600 grammes de légumes mélangés (asperge verte, courgette, poivron jaune ou rouge, petits pois et ciboule) et coupez-les très finement. Faites-les revenir dans 2 cuillerées à soupe d'huile d'olive, puis mouillez-les de 1/8 de litre de vin blanc sec. Couvrez et laissez mijoter 10 minutes. Salez et poivrez. Comme dans la recette de la page 74, remplissez un plat à gratin de béchamel, de lasagne et de mozzarella et faites cuire de la même façon.

Crespelle
Crêpes fourrées

Les crêpes à l'italienne

Pour 4 personnes

Pour la pâte :

100 g de farine, sel

2 œufs

4 cuillerées à soupe d'huile d'olive

Environ 150 ml de lait

Pour la garniture :

450 g d'épinards surgelés

1 petite courgette (100 g)

Quelques brins de thym frais

250 g de ricotta fraîche

1 œuf, 50 g de parmesan ou de pecorino fraîchement râpé

Sel, poivre noir du moulin

Noix de muscade râpée

Pour la sauce :

1 cuillerée à soupe de beurre

1 cuillerée à soupe de farine

1/2 l de lait

50 g de parmesan ou de pecorino fraîchement râpé, 1 cuillerée à soupe de concentré de tomate

Sel, poivre noir du moulin

1 Mettez les épinards dans une passoire et laissez-les décongeler à température ambiante, ou bien faites-les cuire en suivant les instructions du fabricant.

2 Pour la pâte, mettez la farine dans une jatte et ajoutez une bonne pincée de sel. Incorporez petit à petit les œufs, et 2 cuillerées à soupe d'huile et de lait en remuant au fouet. La pâte doit être souple et surtout brillante. Laissez-la reposer 30 minutes pour que la farine gonfle.

3 Pendant ce temps, égouttez bien les épinards et hachez-les finement. Lavez la courgette et coupez-en les extrémités. Coupez sa chair en fines rondelles, puis en lanières et enfin en dés. Lavez le thym et essuyez-le. Effeuillez-le.

4 Mélangez les épinards avec les dés de courgette, le thym, la ricotta, l'œuf et le parmesan. Salez, poivrez et muscadez.

5 Pour la sauce, faites fondre (sans noircir) le beurre dans une casserole. Versez la farine en pluie et remuez jusqu'à ce qu'elle se colore. Versez le lait par petites quantités tout en remuant pour éviter la formation de grumeaux. Laissez la sauce frémir environ 10 minutes sur feu moyen : elle doit épaissir. Remuez fréquemment pour qu'elle n'attache pas. Incorporez le fromage et le concentré de tomate. Salez et poivrez.

6 Badigeonnez une poêle de 2 cuillerées à soupe d'huile et faites-la chauffer. Puis versez-y un peu de pâte à crêpes en la faisant tourner pour que cette pâte soit bien répartie. Réduisez le feu et faites cuire la crêpe sur feu moyen jusqu'à ce que le dessus ne soit plus liquide.

7 Secouez la poêle pour détacher la crêpe, puis retournez celle-ci à l'aide d'une spatule. Faites cuire l'autre face environ 1 minute. Ôtez la crêpe de la poêle et faites cuire le reste de la pâte de la même façon : vous obtenez 8 crêpes.

8 Préchauffez le four à 220 °C (chaleur tournante : 200 °C sans préchauffage). Préparez un grand plat à gratin rectangulaire. Posez une crêpe sur une planche, garnissez-la de mélange aux épinards, roulez-la et rangez-la dans le plat. Faites de même pour les autres crêpes en les disposant les unes à côté des autres.

9 Nappez les crêpes de la sauce et glissez le plat dans le four. Faites gratiner environ 30 minutes, ou jusqu'à ce que la sauce soit dorée par endroits.

Préparation et cuisson : 1 h 20, dont 30 minutes de détente (hors décongélation)
Servir avec une salade de tomates et de concombres
Calories par part : 615

Cannelloni ai funghi
Cannelloni fourrés aux champignons

Paresseux s'abstenir !

Pour 4 personnes choisies

2 oignons

2 gousses d'ail

600 g de champignons de Paris

1 bouquet de basilic

4 cuillerées à soupe d'huile d'olive

125 g de mozzarella

150 g de mascarpone ou de ricotta fraîche

1 œuf

150 g de parmesan ou de pecorino fraîchement râpé

Sel, poivre noir du moulin

Environ 250 g de cannelloni (sans précuisson)

3 grosses tomates

1/8 de l de vin blanc sec

1 Pelez les oignons et l'ail et coupez-les très finement. Frottez les champignons à l'aide de papier absorbant, ôtez les pieds sableux, puis découpez-les en fines lamelles ou en lanières. De même, effeuillez le basilic et coupez en lanières ses feuilles (si elles sont sales, frottez-les auparavant avec du papier absorbant).

2 Faites chauffer une grande poêle, versez-y 2 cuillerées à soupe d'huile et faites revenir brièvement les oignons. Ajoutez les champignons et faites-les cuire environ 5 minutes sur feu vif. S'ils rendent de l'eau, poursuivez la cuisson jusqu'à complète évaporation de celle-ci.

3 Transférez les champignons dans une jatte et laissez-les refroidir légèrement. Incorporez-y l'ail et le basilic. Égouttez la mozzarella et coupez-la en dés. Mélangez le mascarpone avec l'œuf et le parmesan, puis incorporez l'amalgame obtenu aux champignons. Salez et poivrez, sans oublier que le fromage est déjà salé.

4 Remplissez chacun des cannelloni de farce aux champignons, cuillerée par cuillerée, et rangez-les côte à côte dans un plat à gratin.

5 Préchauffer le four à 200 °C (chaleur tournante : 180 °C sans préchauffage).

6 Lavez les tomates et coupez-les en très petits dés pour que leur peau n'altère pas le plat. Mélangez-les avec le vin, le reste du fromage et le reste de l'huile. Poivrez copieusement et répartissez le mélange sur les cannelloni.

7 Glissez le plat à mi-hauteur du four et faites cuire environ 35 minutes : les cannelloni doivent être dorés et tendres (pour vérifier leur cuisson, piquez-en un avec la pointe d'un couteau). Attendez 5 à 10 minutes avant de découper les cannelloni, pour que le jus ne s'écoule pas.

Préparation et cuisson : 1 h 45, dont 1 bonne heure de travail effectif
Servir avec du pain blanc frais et une salade de roquette
Calories par part : 760

Notre conseil

La garniture des crespelle (dont la recette figure page ci-contre) convient parfaitement aux cannelloni.

Risot

Mais d'où ces Italiens tiennent-ils leur génie ?

to, pizza… eccetera

[Du riz et bien d'autres choses…]

Ah, ces Italiens ! On pourrait croire que leurs journées ne sont remplies que de soleil, de rires d'enfants et de café très sucré. Puis, subitement, l'air de rien, ils inventent avec un peu d'eau et du blé de quoi nourrir la moitié du globe. Et ce n'est pas tout : pour éviter de nous lasser de leurs mille et une sortes de pâtes, ils créent d'autres denrées originales pour combattre la faim. Le risotto, par exemple : n'est-ce pas le résultat le plus parfait que l'on puisse obtenir avec de simples grains de riz ? Ou la polenta : qui aurait cru qu'une bouillie de semoule puisse être aussi délicieuse avec du fromage ? Et les gnocchi, ces quenelles aux pommes de terre de la taille d'une bouchée ? Sans oublier, bien entendu, cette merveilleuse pâte à pain, couverte de toutes sortes de garnitures et cuite au four, que l'on connaît aujourd'hui de San Francisco à Tokyo : la pizza. Mais d'où tiennent-ils leur génie, ces Italiens ? Du soleil, des rires d'enfants et du café très sucré, bien sûr.

La recette n° 3 de tante Lucia

Le risotto presque sans remuer

J'ai longtemps eu un penchant quasi masochiste pour le risotto. Chaque fois que j'avais envie d'en préparer un, je devais littéralement m'enchaîner à mes fourneaux pour le remuer, l'arroser de bouillon, le remuer encore et le bichonner. Une seule seconde d'inattention et il risquait de mal tourner. Jusqu'au jour où une amie me raconta l'histoire d'un de ses copains, italo-australien, qui tenait un magnifique restaurant à Melbourne. Après avoir servi son risotto à un haut dignitaire de la péninsule visiblement conquis, l'homme s'était vu décerner une médaille d'argent par les grands maîtres italiens du riz. Tout cela grâce à une recette qui ne nécessite même pas de remuer en permanence : un comble pour le risotto ! Je l'ai tout de suite testée et, depuis, mon penchant pour le risotto n'a plus rien de masochiste. Voici la marche à suivre : faites fondre lentement un oignon coupé en dés dans 3 cuillerées à soupe d'huile d'olive. Ajoutez 300 grammes de riz à risotto (du vialone, de préférence) et faites-le revenir 2 minutes en remuant. Sur les 80 centilitres d'un délicieux bouillon, réservez-en une louchée et versez le reste sur le riz. Salez, réduisez le feu très bas, couvrez et laissez frémir environ 15 minutes. Sans remuer ! Lorsque le risotto est cuit, c'est-à-dire lorsque le riz est al dente, ôtez du feu votre fait-tout, enlevez-en le couvercle, ajoutez 100 grammes de parmesan râpé, 2 cuillerées à soupe de beurre et le bouillon chaud réservé, puis remuez vigoureusement à l'aide d'une fourchette, jusqu'à ce que le risotto soit crémeux. C'est tout. Dégustez tout de suite : un risotto n'attend pas.

5 suggestions pour accommoder les restes

Risotto et polenta

Le risotto et la polenta ne supportent pas le réchauffement. Mais lorsqu'il en reste un peu, les ménagères italiennes doivent pourtant en faire quelque chose. Voici leurs meilleures suggestions :

Risotto al salto

Étalez le risotto sur du papier aluminium. Glissez-le dans une poêle huilée chaude et faites-le dorer 1 ou 2 minutes. Ôtez la galette de risotto, huilez à nouveau la poêle, puis faites cuire l'autre face. Bon avec des champignons sautés.

Suppli di telefono

Mélangez 400 grammes de risotto avec un jaune d'œuf, 2 cuillerées à soupe de chapelure et 50 grammes de parmesan. Formez des boules avec une bonne cuillerée à soupe de risotto. Poudrez de fromage, roulez-les dans la chapelure, et faites frire dans l'huile très chaude. Lorsqu'on croque la boulette, le fromage forme des « fils de téléphone ». Servez avec une sauce tomate.

Pasticcio di risotto

Mélangez 400 grammes de risotto avec un jaune d'œuf et 2 cuillerées à soupe de beurre ramolli. Mélangez une boule de mozzarella coupée en dés avec 70 grammes de parmesan râpé et 100 grammes de lanières de salami. Montez un blanc d'œuf en neige ferme et incorporez-le. Dans un plat à gratin, alternez des couches de risotto et de mélange au fromage, en terminant par du risotto. Faites cuire 45 minutes au four à 200 °C. Délicieux avec une sauce tomate.

Polenta al forno

Étalez votre reste de polenta encore tiède sur une plaque de four. Une fois qu'il a refroidi, découpez-y à l'aide d'un verre des demi-lunes, et rangez-les dans un plat à gratin. Arrosez de crème à mi-hauteur. Parsemez de fromage râpé (autre que du parmesan) et faites gratiner 30 minutes au four à 180 °C.

Bruschetta di polenta

Étalez la polenta comme ci-dessus et laissez-la refroidir. Coupez en dés des tomates et mélangez-les avec de l'ail et du basilic hachés. Découpez la polenta en parts et faites-les revenir à l'huile d'olive. Couvrez-les de dés de tomates, salez, poivrez et arrosez d'huile.

La saga de la pizza

Un simple morceau de pâte s'en va courir le vaste monde et est mis à toutes les sauces. Mais tout est bien qui finit bien : le voilà transformé en pizza, véritable vedette mondiale.

Pizza originale

Avant le début de notre calendrier, au bord de la Méditerranée, c'est une simple galette de pâte que l'on fait cuire sur des pierres chaudes dans les campements. D'abord dégustée nature (cette forme de pain existe toujours), elle est ensuite aromatisée (focaccia), puis garnie pour devenir la :

Pizza vera

Au XVIIIe siècle, les boulangers de Naples fabriquent des pizzas à déguster dans la rue. Ce sont des galettes nappées de tomates importées d'Amérique et cuites au four à bois. Au début du XIXe siècle, pour la première fois, on peut déguster des pizzas chez le boulanger lui-même : la pizzeria est née. C'est une première étape vers la pizza à livrer, la :

Pizza mobile

Lorsque, en 1889, la reine Margherita (Marguerite de Savoie) visite la ville de Naples, elle demande une pizza. Comme elle n'a pas envie de la manger devant une porte, elle en envoie chercher une. « Une bonne », ordonne-t-elle simplement. Le boulanger choisit de belles tomates bien rouges, fierté nationale, de la mozzarella blanche et du basilic vert, et baptise sa création du nom de la reine. Ainsi naît la pizza margherita, aujourd'hui encore l'une des plus prisées de la planète. Mais une vedette mondiale ne va pas tarder à la supplanter :

Pizza americano

Après son arrivée en Amérique, au XXe siècle, la pizza n'entre plus dans un four avec moins de huit ingrédients différents. On lui refait également une beauté : on épaissit sa pâte, puis, en 1943, à Chicago, on agrandit sa taille aux dimensions d'une poêle pour pouvoir lui ajouter encore plus de garniture. Aujourd'hui, aux États-Unis, il se mange 350 parts de pizza à chaque seconde, ce qui représente quotidiennement une pizza aussi grande que trois fois la superficie de la ville de Paris.

Pizza industriale

Depuis 1957, la pizza industriale freddo est vendue dans les rayons de surgelés et la pizza industriale caldo est réchauffée dans les restaurants d'entreprise et les cafétérias. Nous leur préférons la pizza niente (pas de pizza du tout). Mais il y a encore pis : la pizza semi des chaînes de restaurants, constituée de pâte et de sauce industrielles assemblées à la hâte. Mieux vaut choisir la :

Gourmet pizza

Sa pâte est fine et croustillante comme celle d'une vera, et, à l'instar d'une americano, elle est garnie en abondance d'ingrédients frais qui supportent bien la forte chaleur et s'accordent merveilleusement avec la pâte. Ce peut être, par exemple, du filet d'agneau avec du romarin et des oignons marinés dans du vin rouge, ou bien beaucoup plus étrange :

Pizza curiosa

Si vous trouvez la pizza hawaïenne à l'ananas audacieuse, vous n'avez encore rien vu. Avec Internet vous pouvez commander toutes sortes de garnitures : saumon à la sauce soja, algues, avocat, fraises, saucisses de Francfort, cornichons, poulet grillé, requin, œufs de cabillaud, kimchi (mélange très relevé à la coréenne de légumes marinés : choux, radis, concombres), mayonnaise, radis noir, raisins secs, sauce bolonaise, spaghetti, sushi au gingembre, salade de tomates, ragoût de calmar et zicnik (un mélange d'épices africain censé renforcer la virilité).

Notre ingrédient préféré pour la pizza

L'asperge verte

C'est

- la pousse tendre d'une variété d'asperge qui, contrairement à l'asperge blanche, est récoltée une fois sortie du sol
- elle peut atteindre 2 mètres, et présente des baies rouges toxiques lorsqu'on la laisse pousser

Elle contient

- plus de saveur que la blanche
- beaucoup de vitamines B et C
- et de l'asparagine, un diurétique qui serait par ailleurs aphrodisiaque

Elle doit

- être achetée à l'état le plus frais possible (la base coupée doit être lisse et humide)
- être conservée au réfrigérateur dans un linge humide et un sac alimentaire
- de préférence être cuite rapidement, car elle devient vite ligneuse

Elle peut

- être cuite à l'eau salée et sans citron (qui lui donne une couleur grise)
- être sautée dans de l'huile ou du beurre, ou cuite dans un fond de cuisson ou de la crème
- être employée crue dans une salade

Elle aime

- ail, muscade, safran, moutarde, sucre
- basilic, estragon, cerfeuil, menthe, origan
- gorgonzola, mozzarella, fromage de chèvre
- pâtes, pommes de terre, pizza, risotto
- petits pois, carottes, champignons, tomates, oignons
- crevettes, saumon, espadon, poisson fumé
- veau, volaille, jambon
- fraises, framboises, nectarines, oranges

Risotto alla milanese
Risotto au safran

À bon bouillon,
bon risotto !
(Vieil adage italien)

Dans un pays aussi bigarré que l'Italie, point de monotonie. Rien d'étonnant, donc, à ce qu'il y ait plus d'une recette pour un grand classique comme le risotto. Celle-ci est notre préférée.

Pour 4 gros mangeurs ou 6 petits appétits
1 petit oignon
1 l de bouillon, si possible de veau, ou un fond de veau dilué avec de l'eau
50 g de beurre
400 g de riz rond italien (vialone, arborio)
10 cl de vin blanc sec et puissant
1 dose ou 1 sachet de safran (en poudre ou en filaments)
50 g de parmesan fraîchement râpé
Sel, poivre noir du moulin

1 Pelez l'oignon et coupez-le très finement. Faites chauffer le bouillon. Réservez la moitié du beurre et mettez le reste dans une cocotte assez grande, pour pouvoir remuer.

2 Faites fondre le beurre et faites-y revenir l'oignon brièvement. Ajoutez le riz non lavé. Arrosez du vin et augmentez le feu. Lorsque le vin est évaporé, réduisez le feu jusqu'à la position moyenne.

3 Versez une louchée de bouillon sur le riz et faites cuire jusqu'à évaporation complète. Poursuivez de la même façon, louchée après louchée, en remuant sans cesse. Il est indispensable de remuer pour que le risotto épaississe.

4 Avant de verser la dernière louchée, diluez le safran dans le bouillon. Si vous avez choisi du safran en filaments, effritez d'abord ceux-ci entre vos doigts.

5 Versez le bouillon au safran et continuez à remuer, jusqu'à ce que le risotto soit crémeux, d'une belle couleur dorée, bien lié, et que les grains de riz soient al dente, c'est-à-dire cuits mais légèrement croquants au centre. L'opération dure au moins 20 minutes.

6 Incorporez le reste du beurre et le parmesan au riz. Goûtez le risotto et, le cas échéant, rectifiez l'assaisonnement en sel et en poivre.

Préparation et cuisson : 40 minutes
Servir avec un vin blanc léger et un osso buco (voir page 139), si vous servez le risotto en accompagnement
Calories par part (4) : 525

Risotto ai funghi

Risotto aux champignons

Un repas complet à lui seul

Pour 4 personnes

40 g de cèpes séchés

1 petit oignon

1 petite carotte

1 branche de céleri

1/2 bouquet de persil

2 cuillerées à soupe d'huile d'olive

400 g de riz à risotto italien

2 tomates pelées en boîte (congelez le reste ou employez-le dans une sauce)

1 cuillerée à soupe de beurre

50 g de parmesan fraîchement râpé

Sel, poivre noir du moulin

1 Mettez les cèpes séchés dans une assiette creuse et couvrez-les d'eau tiède, puis laissez-les tremper 30 minutes environ, jusqu'à ce qu'ils soient ramollis.

2 Pendant ce temps, pelez l'oignon et la carotte, puis lavez le céleri et le persil. Hachez finement le tout, si possible au hachoir à main. Les Italiens appellent « battuto » ce hachis mélangé.

3 Ôtez les cèpes de l'assiette et tamisez l'eau de trempage à travers un filtre à café : vous obtenez environ 3/4 de litre de liquide.

4 Pour le risotto, faites chauffer l'huile dans une grande cocotte. Mettez-y le battuto et les cèpes et faites-les revenir. Ajoutez le riz. Coupez les tomates en dés et incorporez-les.

5 Comme dans la recette précédente, ajoutez l'eau de trempage des cèpes au riz par petites quantités et en remuant sans cesse. Pour finir, incorporez le beurre et le parmesan, puis salez et poivrez abondamment.

Préparation et cuisson : 1 heure
Calories par part : 490

Risotto agli asparagi
Risotto aux asperges

Une mise en scène parfaite

Pour 4 affamés ou 6 personnes entre deux plats
500 g d'asperges vertes
1 petit oignon
2 gousses d'ail
3 cuillerées à soupe de beurre
400 g de riz à risotto italien
25 cl de vin blanc sec
3/4 de litre à 1 l de bouillon de bœuf ou de volaille
1/2 citron ou 1 citron entier non traité
Quelques brins de basilic
100 g de fontina (ce fromage lie bien le risotto, mais le parmesan fait également l'affaire)
Sel, poivre noir du moulin

1 Premier acte : lavez les asperges et ôtez l'extrémité dure de leur tige (en vérifiant avec le couteau la limite entre partie dure et partie tendre). Coupez les pointes et réservez-les. Coupez le reste en tronçons d'environ 1 centimètre de longueur. Pelez l'oignon et l'ail et coupez-les très finement.

2 Deuxième acte : faites fondre la moitié du beurre, sans le laisser se colorer. Ajoutez l'oignon, l'ail et les asperges et faites-les revenir en remuant. Ajoutez le riz et remuez jusqu'à ce que les grains soient brillants.

3 Mouillez avec le vin et laissez-le s'évaporer sur feu vif, en remuant sans cesse. Arrosez d'une louchée de bouillon et réduisez le feu à la position moyenne. Continuez à remuer et à verser du bouillon en le laissant s'évaporer. Au bout de 10 minutes, incorporez les pointes d'asperges et, 10 minutes plus tard, goûtez le risotto : les grains de riz doivent être fermes à l'intérieur et tendres à l'extérieur.

4 Dernier acte : lavez le citron à l'eau chaude et essuyez-le. Prélevez très finement la moitié de son zeste (en omettant la membrane blanche, qui donnerait de l'amertume au risotto), et coupez-la en fines lanières. Effeuillez le basilic et coupez de même ses feuilles en lanières. Quant au fromage, coupez-le en dés.

5 Mettez le fromage, le zeste de citron, le basilic et le reste du beurre dans le risotto et remuez jusqu'à ce que le fromage soit fondu. Salez, poivrez et dégustez.

Préparation et cuisson : 1 heure
Calories par part (4) : 580

Risotto rucola e prosciutto
Risotto à la roquette et au jambon

Tout en élégance

Pour 4 gourmets
1 poireau fin
2 gousses d'ail
2 ou 3 poignées de roquette
3 cuillerées à soupe de beurre
400 g de riz à risotto italien
1 l de bouillon de bœuf
1 tomate
100 g de jambon cru fumé (idéalement, de Parme ou de San Daniele)
50 g de pecorino fraîchement râpé
1 cuillerée à soupe de mascarpone (ou de crème fraîche, ou... rien)
Sel, noix de muscade

1 Coupez la base du poireau, ôtez ses feuilles vert foncé flétries, puis fendez-le dans la longueur et lavez-en l'intérieur sous l'eau froide courante en écartant les feuilles ; enfin, coupez-le en fines lanières. Pelez l'ail et coupez-le finement. Ôtez les feuilles de roquette flétries et les queues les plus épaisses. Lavez

et essuyez le reste. Réservez quelques feuilles pour la décoration et coupez finement les autres.

2 Faites fondre la moitié du beurre dans une cocotte, et faites-y revenir le poireau et l'ail. Incorporez le riz et la roquette ciselée.

3 Versez une louchée du bouillon dans le riz, puis remuez vigoureusement. Dès que le bouillon est évaporé, versez-en à nouveau.

4 Lorsque le riz est presque cuit, lavez la tomate et coupez-la en petits dés. Ôtez la bordure de gras du jambon et coupez le reste en fines lanières pas trop longues. Coupez finement la roquette réservée.

5 Incorporez la tomate, le jambon, le fromage, le reste du beurre et, le cas échéant, le mascarpone au risotto. Salez et muscadez. Incorporez la roquette et servez.

Préparation et cuisson : 1 heure
Calories par part : 715

Risotto al radicchio

Risotto à la trévise

Ce risotto à la couleur rouge betterave vous semblera probablement étrange, mais il n'en est pas moins délicieux et extrêmement fin.

Pour 4 petits curieux

1 oignon

1 tête de trévise (environ 300 g)

30 g de moelle de bœuf (demandez un os à moelle à votre boucher)

2 cuillerée à soupe de beurre

400 g de riz à risotto italien

1 l de vin rouge puissant (idéalement, un barolo du Piémont, mais il n'est pas bon marché)

50 g de parmesan fraîchement râpé

Sel, poivre noir du moulin

1 Pelez l'oignon et coupez-le très finement. Ôtez les feuilles externes de la trévise, puis coupez le reste en quatre. Lavez la trévise et coupez-la en fines lanières.

2 Prélevez la moelle de l'os et essuyez-la à l'aide de papier absorbant. Vérifiez qu'elle ne contient pas d'éclats d'os, puis coupez-la en dés.

3 Faites fondre une cuillerée à soupe de beurre dans un faitout avec la moelle. Incorporez l'oignon et la trévise et faites-les fondre brièvement. Versez le riz et mélangez.

4 Versez une louchée de vin et laissez-le s'évaporer. Réduisez le feu et ajoutez du vin au fur et à mesure qu'il s'évapore, en remuant sans cesse. Comptez au moins 20 minutes.

5 Lorsque le risotto est bien gonflé et que les grains de riz sont cuits al dente, incorporez le reste du beurre et le fromage. Salez et poivrez. Apportez le faitout à table.

Préparation et cuisson : 1 heure
Servir avec du pain blanc frais et le même vin que celui du risotto
Calories par part : 640

Gnocchi di patate

Gnocchi aux pommes de terre

Un bon petit plat de Nonna

Les Italiens produisent plusieurs sortes de farines. Pour préparer des gnocchi ils utilisent celle de blé dur, qui confère à ces petites quenelles leur mordant irrésistible. Elle est difficile à trouver chez nous, mais une grand-mère italienne, une nonna, nous a confié une astuce pour la remplacer : un mélange de farine et de semoule.

Pour 4 personnes, avec la sauce de votre choix

1 kg de pommes de terre à chair farineuse

150 g de farine

100 g de semoule de blé dur

Sel

1 Lavez les pommes de terre, mettez-les dans un faitout, et couvrez-les d'eau à mi-hauteur. Portez l'eau à ébullition, couvrez et faites cuire sur feu moyen. Selon la grosseur des pommes de terre, comptez entre 20 et 35 minutes. Conseil de Nonna : pour que les pommes de terre soient bien farineuses, couvrez-les d'eau froide et non d'eau chaude, avant de porter celle-ci à ébullition.

2 Égouttez les pommes de terre et laissez-les refroidir un peu. Épluchez-les encore chaudes et écrasez-les à l'aide d'un presse-purée. Conseil de Nonna : si vous n'avez pas de presse-purée, écrasez les pommes de terre à l'aide d'une fourchette, d'un pilon à purée ou d'une râpe à légumes. Mais surtout, n'employez pas de mixeur : les pommes de terre se transformeraient en purée collante.

3 Laissez la purée refroidir suffisamment pour que vous puissiez la manipuler sans vous brûler. Ajoutez-y la farine, la semoule et une cuillerée à café de sel. Pétrissez le tout avec les mains et formez des cylindres de l'épaisseur d'un doigt, puis coupez chacun d'eux en tronçons de 3 centimètres de longueur. Roulez ces tronçons dans la farine, puis aplatissez-les doucement avec le dos d'une fourchette. Les gnocchi doivent être légèrement striés. Conseil de Nonna : étalez les gnocchi sur un linge fariné et laissez-les reposer au moins 1 heure.

4 Dans un faitout, portez à ébullition une bonne quantité d'eau salée, et dès qu'elle bout plongez-y les gnocchi. Lorsqu'ils remontent à la surface, réduisez le feu et laissez-les cuire 10 minutes dans l'eau chaude. Conseil de Nonna : ayez un bol d'eau froide à côté du faitout pour refroidir l'eau, qui ne doit surtout pas bouillir.

5 Sortez les gnocchi de l'eau à l'aide d'une écumoire et répartissez-les entre les assiettes. Arrosez-les de beurre fondu et parsemez-les de parmesan. Vous pouvez les accompagner de sauce tomate (page 60), de ragù bolognese (page 74), de pesto (page 61) ou de ragoût de lapin (page 71).

Préparation et cuisson : 45 minutes (hors repos des gnocchi)
Calories par part : 380

Notre conseil

En cas de pénurie

Au printemps, on ne trouve pas de pommes de terre à chair vraiment farineuse, car c'est la période où les pommes de terre nouvelles, à faible teneur en amidon, arrivent sur les marchés. Il est donc plus sûr de préparer ses gnocchi à partir du milieu de l'année. Les impatients pourront cependant incorporer un œuf à la pâte et ajouter un peu plus de farine.

Pour varier, vous pouvez également remplacer la semoule de blé dur par de la polenta. Le goût obtenu est délicieux et l'aspect ravissant.

Strangolapreti

Petites quenelles à la ricotta et aux épinards

Strangolapreti signifie « étrangleurs de prêtres ». Cependant, même les hauts prélats n'y résistent pas.

Dans certaines régions, ces gnocchi s'appellent « gnocchi ignudi (nus) ». Sans doute parce qu'ils sont servis nature, avec juste un peu de beurre à la sauge et de parmesan. Ailleurs, on les nomme malfatti (mal faits) – un bon prétexte pour ne pas les modeler à la perfection.

Pour 4 gourmets

450 g d'épinards surgelés

1 bouquet de persil

250 g de ricotta fraîche

2 œufs

100 g de pecorino fraîchement râpé

100 g de farine

Sel, poivre noir du moulin

Muscade râpée

2 cuillerées à soupe de beurre

1 cuillerée à soupe d'huile d'olive

Quelques feuilles de sauge

1 Sortez les épinards de leur emballage et laissez-les décongeler dans une passoire posée sur une assiette creuse. Comptez une demi-journée : donc prévoyez de les sortir le matin du congélateur.

2 Même égouttés, les épinards décongelés sont encore très humides ; pour en exprimer toute l'eau, essuyez-les avec les mains. Lavez le persil, essuyez-le et hachez-en finement les feuilles.

3 Mélangez la ricotta avec les œufs et le pecorino. Incorporez les épinards, le persil et la farine. Le mélange doit être souple mais modelable. Salez, poivrez et muscadez.

4 Faites chauffer une bonne quantité d'eau dans un grand faitout, et pendant ce temps formez de petites quenelles de mélange à la ricotta à l'aide de deux cuillères à café. Les quenelles doivent conserver leur forme, mais l'objectif n'est pas de gagner un prix de beauté. Farinez une planche de bois et rangez dessus les strangolapreti côte à côte.

5 Lorsque tous les strangolapreti sont formés, faites-les glisser de la planche dans le faitout. Réduisez le feu et faites cuire environ 10 minutes. Quand ils sont cuits, ils remontent à la surface.

6 Faites fondre le beurre avec l'huile (l'huile servant à empêcher que le beurre ne brûle), et faites-y revenir les feuilles de sauge.

7 Sortez les strangolapreti de l'eau à l'aide d'une écumoire, répartissez-les entre des assiettes creuses, et arrosez-les du beurre à la sauge.

Préparation et cuisson : 40 minutes (hors décongélation)
Servir avec beaucoup de pecorino râpé ou en copeaux
Calories par part : 410

Notre conseil

Si vous souhaitez employer des épinards frais, équeutez-en 600 à 700 grammes, lavez bien leurs feuilles à l'eau froide et laissez-les égoutter. Dans un faitout, portez 2 à 3 centimètres d'eau à ébullition et salez. Plongez-y les épinards, couvrez-les et laissez-les fondre. Puis égouttez les épinards, rafraîchissez-les sous l'eau froide et égouttez-les à nouveau.
Sans sauge, avec seulement le beurre, l'huile et le fromage, ces strangolapreti sont tout simplement délicieux.

Polenta pasticciata

Tranches de polenta gratinées

Un plat tout à la fois savoureux, juteux et relevé

Pour 4 personnes

Sel, 300 g de polenta

1 gros oignon

2 gousses d'ail

2 carottes

2 branches de céleri

100 g de salami italien

3 cuillerées à soupe d'huile d'olive

400 g de viandes hachées mélangées

1 petite boîte de tomates pelées (400 g)

1/8 de litre de vin rouge sec

1 ou 2 peperoncini séchés

1 cuillerée à café de thym séché

100 g de parmesan fraîchement râpé

1 Dans un faitout, portez à ébullition 1 litre d'eau additionnée d'une cuillerée à café de sel. Versez la polenta en pluie et mélangez bien. Réduisez à feu très doux pour que la polenta n'éclabousse pas la cuisinière ni ne vous brûle. Couvrez et faites cuire 10 minutes.

2 Transférez la polenta sur une grande planche de bois et étalez-la sur 1 à 2 centimètres d'épaisseur à l'aide d'une spatule humectée. Laissez-la refroidir et durcir.

3 Pendant ce temps, pelez l'oignon et l'ail et coupez-les très finement. Pelez aussi les carottes. Lavez le céleri et coupez-en les extrémités, en ôtant les fils le cas échéant. Coupez très finement carottes, céleri et salami.

4 Posez une poêle sur le feu, versez-y une cuillerée à soupe d'huile, et faites-la chauffer, puis faites-y revenir l'oignon et l'ail. Incorporez les légumes et le salami et faites-les revenir brièvement. Ajoutez la viande hachée et faites-la brunir en cassant les grumeaux. Coupez les tomates en petits morceaux et ajoutez-les à la viande avec leur jus et le vin rouge. Pilez les peperoncini au mortier ou effritez-les avec les doigts – attention à ne pas vous frotter les yeux !

5 Salez la sauce à la viande hachée, incorporez-y le thym et laissez-la mijoter environ 15 minutes, sans couvrir, sur feu moyen.

6 Préchauffez le four à 200 °C (chaleur tournante : 180 °C sans préchauffage). Badigeonnez un plat à gratin rectangulaire avec une partie de l'huile restante.

7 Passez un couteau à longue lame sous l'eau froide, puis découpez la polenta en rectangles de 2 centimètres de largeur. Humectez la lame du couteau après chaque découpe.

8 Rangez les tranches de polenta dans le plat à gratin en y intercalant la viande hachée. Poudrez le dessus de parmesan et arrosez du reste de l'huile.

9 Glissez le plat à mi-hauteur du four et faites cuire la polenta environ 35 minutes, jusqu'à ce que le dessus soit gratiné.

Préparation et cuisson : 45 minutes de travail effectif, plus 35 minutes de détente
Servir avec de la salade, par exemple des tomates au balsamico et au basilic, et un vin rouge puissant qui s'accorde avec la sauce pimentée
Calories par part : 830

Pâte à pizza

Elle a tous les talents

Pour 1 plaque de four ou 2 plaques à pizza
300 g de farine + farine pour le plan de travail, sel
4 cuillerées à soupe d'huile d'olive
1/2 sachet de levure du boulanger (21 g)

1 Mettez la farine dans une jatte et incorporez-y une bonne pincée de sel et l'huile. Émiettez la levure et délayez-la dans 15 centilitres d'eau tiède.

2 Mélangez grossièrement les ingrédients. Farinez le plan de travail, puis transférez la pâte dessus et pétrissez-la vigoureusement jusqu'à ce qu'elle soit souple et homogène.

3 Ramassez la pâte en boule et remettez-la dans la jatte. Couvrez d'un linge et laissez reposer 30 à 45 minutes, jusqu'à ce que la pâte ait doublé de volume : elle est alors prête.

Préparation : 15 minutes
(+ 30 à 45 minutes de repos)

Variante du Sud :

400 grammes de farine, 1 œuf, 20 centilitres de lait et 25 grammes de levure pour une pâte plus épaisse.

Pizza pane
Pain pizza

Incontournable

Pour 1 plaque de four ou 2 plaques à pizza
Ingrédients pour la pâte à pizza (ci-contre, à gauche)
4 ou 5 tomates pelées en boîte
2 gousses d'ail, 3 ou 4 brins de romarin
3 cuillerées à soupe d'huile d'olive + huile pour la plaque
Sel, poivre noir du moulin

1 Préparez la pâte, laissez-la reposer, puis abaissez-la directement sur la plaque huilée.

2 Préchauffez le four à 250 °C (chaleur tournante : 220 °C). Coupez les tomates en dés. Pelez l'ail et coupez-le très finement. Hachez grossièrement le romarin. Mélangez les tomates avec l'ail, le romarin et l'huile. Salez et poivrez.

3 Répartissez les tomates sur la pâte. Glissez la plaque à mi-hauteur du four et faites cuire la pizza 12 minutes. Sortez la pizza du four et découpez-la. Mangez chaud.

Préparation et cuisson : 1 h 30, dont 30 minutes de travail effectif
Calories par part (4) : 450

Pizza margherita
Pizza à la sauce tomate et à la mozzarella

Mère de toutes les pizzas

Pour 4 puristes
Ingrédients pour la pâte à pizza (ci-contre, à gauche)
1 oignon, 2 gousses d'ail
2 cuillerées à soupe d'huile d'olive + huile pour la plaque
1 grosse boîte de tomates pelées (800 g)
Sel, poivre noir du moulin
3 sachets de mozzarella (375 g)
1 bouquet de basilic

1 Pétrissez la pâte et laissez-la gonfler. Pendant ce temps, pelez l'oignon et l'ail et coupez-les très finement. Faites chauffer une cuillerée à soupe d'huile dans une poêle. Faites-y fondre l'oignon et l'ail. Coupez les tomates en dés et ajoutez-les dans la poêle avec leur jus. Salez, poivrez, et laissez mijoter 20 minutes sans couvrir et sur feu moyen. Remuez bien.

2 Huilez légèrement la plaque du four, et abaissez finement la pâte dessus, en formant une bordure plus épaisse. Préchauffez le four à 220 °C (chaleur tournante : 200 °C).

3 Étalez la sauce tomate sur la pâte. Émincez la mozzarella en lamelles et effeuillez le basilic, puis répartissez-les tous deux sur la sauce. Arrosez du reste de l'huile.

4 Glissez la plaque à mi-hauteur du four et faites cuire la pizza environ 25 minutes. Le fromage doit être fondu mais non coloré.

Préparation et cuisson : 1 h 30, dont 35 minutes de travail effectif
Calories par part : 665

Les charmantes sœurs de Margherita :

- Pizza napoletana : posez des filets d'anchois sur la sauce tomate et employez moins de fromage.
- Pizza rucola : c'est une margherita couverte d'une bonne quantité de roquette crue mélangée à du jus de citron, de l'huile d'olive, du sel et du poivre.
- Pizza quattro stagioni : étalez la sauce tomate sur la pâte et mettez une garniture différente sur chaque quart de pâte – 150 grammes de dés de jambon cuit, 150 grammes de champignons de Paris coupés en lamelles, des olives noires et des artichauts en bocal. Poudrez de fromage.
- Pizza capricciosa : coupez du jambon en lanières et répartissez-le sur la sauce tomate. Ajoutez 8 à 10 filets d'anchois, 100 grammes d'olives noires et 150 grammes de morceaux de cœurs d'artichauts. Poudrez de fromage et faites cuire.

Pizza peperoni e carciofi

Pizza au poivron et aux artichauts

La végétarienne

Pour 4 amateurs de légumes

Ingrédients pour la pâte à pizza (voir page de gauche)

1 grosse boîte ou 2 petites de tomates pelées (800 g)

2 gousses d'ail

Sel, poivre noir du moulin

2 poivrons jaunes

250 g de cœurs d'artichauts en boîte

250 g de mozzarella

1 cuillerée à café d'origan ou de thym séché

2 cuillerées à soupe d'huile d'olive + huile pour la plaque

1 Préparez la pâte, laissez-la reposer, puis abaissez-la directement sur la plaque de four huilée.

2 Égouttez les tomates et écrasez-les légèrement (leur jus n'étant pas utile pour la pizza, vous pouvez le boire ou le jeter), puis hachez-les très finement ou passez-les au moulin à légumes. Pelez l'ail et écrasez-le au presse-ail. Incorporez-le à la sauce tomate. Salez, poivrez et étalez la sauce sur la pâte.

3 Préchauffez le four à 220 °C (chaleur tournante : 200 °C).

4 Lavez les poivrons. Découpez-en l'extrémité inférieure ; ôtez-en le pédoncule, les graines et les filaments blancs. Enfin coupez-les en quatre puis en lanières. Coupez les cœurs d'artichauts en quatre et la mozzarella en dés.

5 Répartissez les légumes sur la sauce. Poudrez de sel, de poivre et d'origan (ou de thym séché). Ajoutez le fromage et arrosez de l'huile d'olive. Glissez la plaque à mi-hauteur du four et faites cuire la pizza environ 25 minutes : le fromage doit être fondu, mais sans coloration. Sortez la pizza du four, découpez-la en parts et régalez-vous.

Préparation et cuisson : 1 h 30, dont 45 minutes de travail effectif
Servir avec une salade verte ou de roquette et un vin blanc frais ou un rouge léger
Calories par part : 635

Pizza quattro formaggi
Pizza aux quatre fromages

Beaucoup de fromage !

Pour 4 personnes en entrée, ou 2 en plat

Ingrédients pour la pâte à pizza (page 90)

Environ 450 g de fromages (doux et forts, tels la mozzarella, le gorgonzola, la ricotta et le pecorino)

Quelques brins de thym ou feuilles de sauge

4 à 6 peperoni verts en bocal

2 cuillerées à soupe d'huile d'olive + huile pour la plaque

1 Préparez la pâte comme indiqué page 90, laissez-la gonfler, puis abaissez-la directement sur une plaque de four légèrement huilée. Épaississez la bordure.

2 Préchauffez le four à 250 °C (chaleur tournante : 220 °C). Coupez la mozzarella et le gorgonzola en dés, écrasez la ricotta à la fourchette et râpez le pecorino. Mélangez les quatre fromages et répartissez-les sur la pâte.

3 Lavez et essuyez le thym ou la sauge. Effeuillez le thym ou coupez les feuilles de sauge en lanières.

4 Répartissez les herbes sur le fromage. Ne salez la pizza que si vous avez choisi des fromages doux. Répartissez les peperoni et arrosez le tout d'huile. Glissez la plaque à mi-hauteur du four et faites cuire la pizza environ 15 minutes : les fromages doivent être dorés.

Préparation et cuisson : 1 h 30, dont 25 minutes de travail effectif
Servir avec une salade de tomates et un vin rouge puissant
Calories par part (2) : 820

Pizza al tonno
Pizza au thon

Beaucoup de saveur

Pour 4 personnes

Ingrédients pour la pâte à pizza (page 90)

1 ou 2 cuillerées à soupe de câpres

1 boîte de tomates concassées (500 g)

1 cuillerée à café d'herbes séchées italiennes

Sel, poivre noir du moulin

2 ou 3 oignons blancs (selon la grosseur)

2 boîtes de thon au naturel (150 g chacune)

80 g de fromage fraîchement râpé (fontina, pecorino jeune ou un fromage de montagne)

2 cuillerées à soupe d'huile d'olive + huile pour la plaque

1 Préparez la pâte comme indiqué page 90, puis abaissez-la sur une plaque de four légèrement huilée, en épaississant la bordure.

2 Hachez les câpres et mélangez-les avec les tomates et les herbes. Salez et poivrez. Étalez les trois quarts de la sauce sur la pâte.

3 Préchauffez le four à 220 °C (chaleur tournante : 200 °C sans préchauffage).

4 Pelez les oignons, puis coupez-les en rondelles et ensuite en lanières. Égouttez le thon et effeuillez-le. Mélangez-le avec les oignons et répartissez le tout sur la sauce tomate. Arrosez du reste de la sauce. Parsemez du fromage et arrosez le tout d'huile d'olive.

5 Glissez la plaque à mi-hauteur du four et faites cuire la pizza pendant 25 à 30 minutes : le fromage doit être fondu et à peine doré.

Préparation et cuisson : 1 h 45, dont 30 minutes de travail effectif
Servir avec une salade mixte, de l'eau et un vin rouge
Calories par part : 590

Pizza ai frutti di mare
Pizza aux fruits de mer

Sans fromage, de grâce !

Pour 4 personnes, en hors-d'œuvre

Ingrédients pour la pâte à pizza (page 90)

1 gros bouquet de persil

2 gousses d'ail

1 peperoncino séché

1 boîte de tomates concassées (500 g)

Sel, 3 cuillerées à soupe d'huile d'olive + huile pour la plaque

600 g de fruits de mer (cuits, de préférence : crevettes, coquillages, anneaux de calmar ; ou bien préparez les ingrédients de la salade de fruits de mer, page 53)

1 Pétrissez la pâte, laissez-la gonfler, puis abaissez-la sur la plaque du four.

2 Lavez le persil, essuyez-le, puis effeuillez-le. Pelez l'ail. Hachez finement le persil, l'ail et le peperoncino. Mélangez le tout avec les tomates, salez et incorporez une cuillerée à soupe d'huile. Étalez la sauce sur la pâte. Préchauffez le four à 240 °C (chaleur tournante : 220 °C).

3 Répartissez les fruits de mer sur la pizza, arrosez du reste de l'huile et poivrez. Faites cuire la pizza environ 20 minutes à mi-hauteur du four : la pâte doit être dorée et le reste seulement chaud.

Préparation et cuisson : 1 h 30, dont 30 minutes de travail effectif
Servir avec un vin blanc frais et léger
Calories par part : 580

Pizza al prosciutto di Parma
Pizza au jambon de Parme

Fantastico !

Pour 4 gourmets

Ingrédients pour la pâte à pizza (page 90)

2 cuillerées à soupe d'huile d'olive + huile pour la plaque, 400 g d'asperges vertes

1 botte de ciboules, sel

1 petite boîte de tomates pelées (400 g)

Poivre noir du moulin

50 g de pecorino fraîchement râpé

100 g de jambon de Parme ou de San Daniele, coupé en tranches très fines

1 Préparez la pâte à pizza et laissez-la reposer comme indiqué page 90. Huilez légèrement la plaque du four et abaissez la pâte directement dessus.

2 Lavez les asperges, ôtez l'extrémité dure de leur tige (en vérifiant avec le couteau la limite entre partie dure et partie tendre), et coupez le reste en tronçons de 5 centimètres de longueur. Ôtez des bulbes de ciboule, les racines ainsi que les feuilles vert foncé. Lavez le reste et coupez-le en deux dans la longueur.

3 Préchauffez le four à 220 °C (chaleur tournante : 180 °C sans préchauffage).

4 Portez de l'eau salée à ébullition. Plongez-y les légumes et faites-les cuire 2 minutes. Puis rafraîchissez-les et égouttez-les.

5 Salez et poivrez les tomates et répartissez-les sur la pâte. Recouvrez des légumes, parsemez du fromage et arrosez de l'huile. Faites cuire la pizza environ 20 minutes à mi-hauteur du four. Ôtez la bordure de gras du jambon. Sortez la pizza du four et répartissez les tranches de jambon dessus. Découpez la pizza en parts et servez.

Préparation et cuisson : 1 h 30, dont 40 minutes de travail effectif
Servir avec une salade de roquette
Calories par part : 580

Focaccia al formaggio
Focaccia fourrée au fromage

Pour un buffet ou un pique-nique

Pour 4 personnes, en en-cas

250 g de farine

8 cuillerées à soupe d'huile + huile pour le moule

Sel, 1 bouquet de basilic

200 g de fromage frais (du robiola, par exemple, ou même un fromage de chèvre)

Gros sel

1 Mettez la farine dans une jatte. Ajoutez 5 cuillerées à soupe d'huile, une bonne pincée de sel et environ 8 cuillerées à soupe d'eau froide. Mélangez grossièrement le tout, puis transférez la pâte sur un plan de travail et pétrissez-la jusqu'à ce qu'elle soit souple et homogène. Si elle est trop sèche, ajoutez un peu d'eau, et si elle colle aux doigts, ajoutez de la farine.

2 Enveloppez la pâte dans du papier paraffiné ou du film alimentaire et laissez-la reposer environ 30 minutes (mais pas au réfrigérateur : trop froid).

3 Pendant ce temps, effeuillez le basilic. Comme ses feuilles sont trop fragiles pour supporter un lavage à l'eau, essuyez-les à l'aide de papier absorbant si elles sont sales. Coupez les feuilles en lanières. Écrasez le fromage et mélangez-le avec le basilic.

4 Préchauffez le four à 250 °C (chaleur tournante : 220 °C). Huilez légèrement un moule rond (moule à tarte, grand moule à manqué, ou même une plaque à pizza).

5 Divisez la pâte en deux. Farinez légèrement la surface de travail, posez la pâte dessus, et abaissez-la dans toutes les directions, de façon à obtenir un cercle à la dimension du moule. Placez l'abaisse de pâte dans le moule et parsemez-la du mélange au fromage. Abaissez la seconde moitié de la pâte et piquez-la de toutes parts à l'aide d'une fourchette. Posez cette seconde abaisse sur le mélange au fromage et pressez légèrement les bords ensemble. Badigeonnez du reste de l'huile et poudrez de gros sel. Glissez la focaccia à mi-hauteur du four et faites-la cuire environ 15 minutes, ou jusqu'à ce qu'elle soit bien dorée. La focaccia est délicieuse chaude ou froide.

Préparation et cuisson : 1 heure, dont 25 minutes de travail effectif
Calories par part : 515

Calzone
Pizza fourrée

Étonnant !

Pour 2 personnes affamées

Pour la pâte :

200 g de farine
Sel
4 cuillerées à soupe d'huile d'olive + huile pour la plaque
1/4 de sachet de levure de boulanger (environ 10 g)

Pour la garniture :

50 g de jambon cuit
1 petite tomate ferme
1/2 bouquet de persil
125 g de mozzarella
150 g de ricotta fraîche
1 œuf
50 g de parmesan ou de pecorino fraîchement râpé
1 gousse d'ail
Sel, poivre noir du moulin
2 cuillerées à soupe d'huile d'olive pour badigeonner

1 Mélangez la farine, le sel et l'huile d'olive dans une jatte. Émiettez la levure, délayez-la dans 10 centilitres d'eau tiède et incorporez-la à la farine. Pétrissez grossièrement la pâte, puis transférez-la sur une surface farinée. Pétrissez vigoureusement. Remettez la pâte dans la jatte, couvrez et laissez gonfler 1 heure. La pâte doit doubler de volume.

2 Pendant ce temps, préparez la garniture. Coupez le jambon en petits carrés. Lavez la tomate et coupez-la en dés. Lavez le persil, essuyez-le et hachez-le très finement.

3 Coupez la mozzarella en dés et mélangez-la avec la ricotta et l'œuf. Incorporez le jambon, la tomate, le persil et le parmesan. Pelez l'ail et écrasez-le au presse-ail au-dessus de la préparation. Salez, poivrez et mélangez.

4 Préchauffez le four à 220 °C (chaleur tournante : 200 °C sans préchauffage). Badigeonnez la plaque du four d'un peu d'huile. Farinez légèrement le plan de travail, posez la pâte dessus et abaissez-la dans toutes les directions à l'aide d'un rouleau à pâtisserie : l'abaisse doit être aussi ronde que possible.

5 Pour ne pas avoir à la déplacer une fois qu'elle sera fourrée, transférez l'abaisse de pâte sur la plaque huilée, en la décalant par rapport au centre de la plaque. Placez la garniture sur la moitié de l'abaisse, en laissant une bordure libre. Rabattez l'autre moitié de pâte sur la garniture et pincez les bords. Enfin, badigeonnez le calzone d'huile d'olive.

6 Glissez la plaque à mi-hauteur du four et faites cuire le calzone environ 25 minutes, jusqu'à ce qu'il soit bien doré. Sortez-le du four et laissez-le reposer 5 à 10 minutes. Coupez le calzone en deux et dégustez.

Préparation et cuisson : 1 h 45, dont 30 minutes de travail effectif
Calories par part : 1 075

Verdu

Qui dit Italie dit aussi légumes !

re

[Soupes et légumes, bien sûr…]

Qui dit Italie dit légumes ! Et vice versa, évidemment. L'une sans les autres, n'y songez pas. Vert asperge, blanc fenouil, rouge tomate, assaisonnés d'huile d'olive, d'ail et de basilic : il n'existe pas plus naturel. Les cuisinières et cuisiniers italiens ne transigent pas sur la qualité. Au marché, ils sont tout aussi exigeants pour les légumes que pour le poisson, la viande ou le fromage. Mais s'ils ont le droit de toucher les produits, c'est toujours au vendeur ou à la vendeuse que revient la tâche de les emballer.

Que font-ils ensuite de ces légumes sélectionnés avec tant de soin ? Ils ne vont certainement pas les placer sur l'assiette de saltimbocca en guise d'accompagnement. Non, les Italiens ont une telle dévotion pour les légumes qu'ils leur réservent une place à part. Cuits dans une soupe comme le minestrone ou la ribollita, ils sont servis dans une assiette creuse. Étuvés, braisés, sautés ou gratinés, ils sont alors présentés dans une assiette plate. Et si, par chance, il reste un peu de place pour la saltimbocca, pourquoi pas ?

La recette n° 4 de tante Lucia

Improviser italien

Parfois, lorsque j'ai de la visite, la porte est à peine ouverte que j'entends déjà : « Oh, Lucia, tu es là ? Comment vas-tu ? Et si tu nous préparais un petit plat italien ? » Malgré leur air innocent, mes amis savent bien que j'ai toujours des réserves dans mon placard et mon réfrigérateur. **Alors, le rituel est immuable : un trait d'huile d'olive dans la poêle chaude, puis 2 ou 3 gousses d'ail hachées et un oignon coupé en rondelles.** Je les laisse fondre pendant que je fouille dans le bac à légumes. Selon ce que j'y trouve, j'ajoute des dés d'aubergine, des lanières de poivron ou des rondelles de courgette. Parfois même des tronçons d'asperge verte ou des petits pois surgelés mais, quoi qu'il arrive, toujours une cuillerée à café d'origan séché. Je fais revenir le tout de 1 à 5 minutes, selon les légumes. Ce qui me laisse le temps de chercher mes restes d'antipasti – cœurs d'artichauts, câpres, olives et tomates séchées. Au pire, j'ajoute dans la poêle le contenu d'une petite boîte de tomates concassées. Je laisse frémir le tout, je sale et je poivre. Je couvre, je réduis le feu et j'attends 5 minutes. J'enlève le couvercle, je poudre de parmesan et je sers avec de la ciabatta (sorte de pain plat et léger). « Mmm, Lucia ! C'est délicieux, approuvent généralement mes convives. À partir de maintenant, c'est sûr, nous viendrons toujours à l'improviste. »

Et, toujours, un bon bouillon

Tout bon cuisinier italien digne de ce nom a toujours du bouillon de légumes sous la main pour préparer soupes et ragoûts. L'essentiel est qu'il soit fait maison. Cela permet par ailleurs d'employer les restes de légumes conservés au congélateur. Voici comment procéder :

Pelez 4 oignons et 4 gousses d'ail et coupez grossièrement les oignons. Pelez 2 carottes et coupez-les en rondelles épaisses. Lavez 4 côtes de céleri en branches et coupez-les en tronçons. Lavez 4 tomates. Brossez 1/2 citron non traité sous l'eau chaude et prélevez-en finement le zeste.

Faites chauffer une cuillerée à soupe d'huile d'olive dans une cocotte et faites-y dorer lentement oignons, carottes et céleri. Couvrez de 5 bons litres d'eau froide.

Mettez les tomates, le zeste de citron et l'ail dans la cocotte. Ajoutez 3 feuilles de laurier, 1 ou 2 peperoncini, 1/2 cuillerée à café de graines de fenouil, quelques brins de thym et d'origan et, le cas échéant, une cuillerée à soupe de cèpes séchés.

Portez le tout lentement à ébullition et laissez frémir 2 heures. Tamisez le bouillon, salez-le et portez-le de nouveau à ébullition. Prélevez ce dont vous avez besoin, laissez refroidir le reste, puis congelez-le.

Touristes ou indigènes ?

Les légumes couramment employés dans la cuisine italienne ne sont pas tous italiens, loin s'en faut. Seules trois des sept variétés qui suivent sont cultivées entre Bolzano et Palerme. Les autres sont importées. Testez vos connaissances.

L'aubergine
Origine : a) Inde, b) Midi de la France, c) Italie

Le brocoli
Origine : a) Amérique, b) Asie centrale, c) Italie

Le fenouil
Origine : a) Afrique du Nord, b) Midi de la France, c) Italie

L'ail
Origine : a) Asie centrale, b) Grèce, c) Italie

La tomate
Origine : a) Amérique, b) Afrique du Nord, c) Italie

Le chou frisé
Origine : a) Allemagne, b) Irlande, c) Italie

La courgette
Origine : a) Amérique, b) Grèce, c) Italie

Réponses : « c » pour le brocoli, le fenouil et le chou frisé, et « a » pour tous les autres.

Notre légume vert préféré

Le céleri en branches

Il est

- indispensable dans de nombreux plats et soupes de légumes du sud de l'Italie
- le descendant du céleri sauvage, dont les maraîchers italiens ont domestiqué le goût
- le frère du céleri-rave qui, lui, stocke sa saveur dans sa racine et non dans ses branches
- apparenté à la carotte, au fenouil et au persil

Il contient

- beaucoup de vitamine C (bonne pour les défenses immunitaires), surtout cru
- du calcium (bon pour les os, les dents, le sang et les nerfs), du potassium (qui fortifie, détend), du manganèse (bon pour le cerveau et les défenses immunitaires)

Il peut

- être effilé : fendez alors la base dans le sens contraire des fibres et tirez les fils vers le haut de la tige, en les tenant entre la lame du couteau et le pouce
- être cuit dans une soupe
- être étuvé ou braisé, en légume d'accompagnement
- être frit ou grillé, en légume d'accompagnement (tiges internes claires seulement)
- être consommé cru, en rondelles, dans une salade
- être braisé entier, avec son pied, qu'il convient de couper en quatre

Il aime

- basilic, sarriette, origan, persil, laurier, menthe, thym et son propre feuillage
- graines de fenouil, câpres, ail, peperoncino, pesto, moutarde
- aubergine, petits pois, fenouil, carotte, pomme de terre, poivron, champignons, tomate
- poisson, crevettes, anchois, thon au naturel
- volaille, porc, pancetta
- œufs, mayonnaise, crème fraîche
- fromage à pâte persillée, mozzarella, fromage de chèvre

5 suggestions de consommés express

Bouillons à l'œuf

Les ménagères italiennes sont spécialistes dans l'art de créer de nouveaux plats à partir des mêmes ingrédients. En témoignent ces cinq consommés express à l'œuf :

Stracciatella

Réservez une louchée sur 1 litre de bouillon et portez le reste à ébullition. Mélangez 3 œufs avec 3 cuillerées à soupe de parmesan, le bouillon réservé, une pincée de sel et 2 cuillerées à soupe de semoule (facultatif). Salez, muscadez le bouillon et ôtez du feu. Incorporez le mélange aux œufs par petites quantités. Remettez sur le feu et laissez frémir 3 à 4 minutes en fouettant sans cesse, jusqu'à la formation de filaments d'œuf cuit.

Semolina e prosciutto

Faites dorer 3 cuillerées à soupe de semoule dans 3 cuillerées à soupe de beurre. Versez 1 litre de bouillon, remuez et laissez frémir 5 minutes. Coupez 4 tranches de jambon de Parme en lanières. Mélangez 2 jaunes d'œufs avec 4 cuillerées à soupe de mascarpone et 2 cuillerées à soupe de basilic haché. Ôtez la soupe du feu, versez une louchée de bouillon sur le mélange aux œufs, et incorporez le tout à la soupe. Ajoutez le jambon, salez et poivrez.

Zuppa spatzli

Portez 1 litre de bouillon à ébullition. Salez et muscadez. Mélangez un œuf avec 80 grammes de farine et 2 cuillerées à soupe de pesto. Ajoutez ce mélange par petites quantités au bouillon frémissant et laissez cuire 1 minute.

Zuppa pavese

Pour cette soupe de Pavie, faites griller 4 tranches de pain blanc frais ou rassis dans du beurre et mettez-les dans des assiettes creuses. Portez à ébullition 1 litre de bouillon, puis salez et poivrez. Placez sur chaque tranche de pain une cuillerée à soupe de parmesan râpé et un œuf frais cru. Arrosez du bouillon, e basta !

Acqua aglio e salvia

Originaire de Provence, cette « eau à l'ail et à la sauge » est très prisée des Génois, mais ne contient pas de bouillon. Pelez et hachez 6 gousses d'ail. Poudrez-les de sel et écrasez-les avec la lame d'un couteau. Faites-les cuire 15 minutes dans 1 litre d'eau avec 2 feuilles de laurier. Ajoutez 2 brins de sauge et laissez frémir 5 minutes. Répartissez 4 tranches de pain grillé entre 4 assiettes, arrosez-les d'huile d'olive, puis ajoutez sur chacune un jaune d'œuf et une cuillerée à soupe de fromage râpé. Arrosez d'eau à l'ail.

Minestrone

Omniprésent minestrone, à rien d'autre pareil

Pour 4 personnes, en plat unique

500 g de légumes mélangés (de préférence, céleri-branche, courgette, carotte, jeune chou frisé, épinards)

4 tomates

1 oignon

2 gousses d'ail

3 cuillerées à soupe d'huile d'olive

1,5 l de bouillon de légumes ou de bœuf

200 g de macaroni

1 boîte de haricots blancs cuits (360 g)

Sel, poivre noir du moulin

4 cuillerée à soupe de parmesan ou de pecorino fraîchement râpé

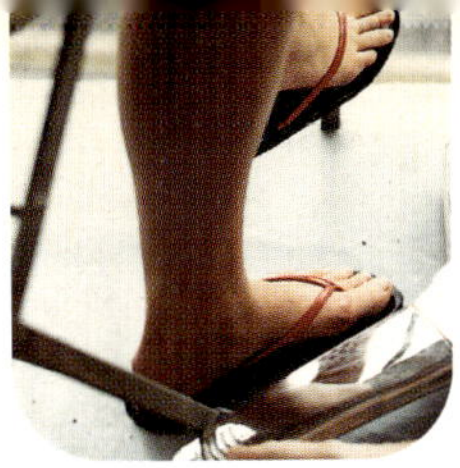

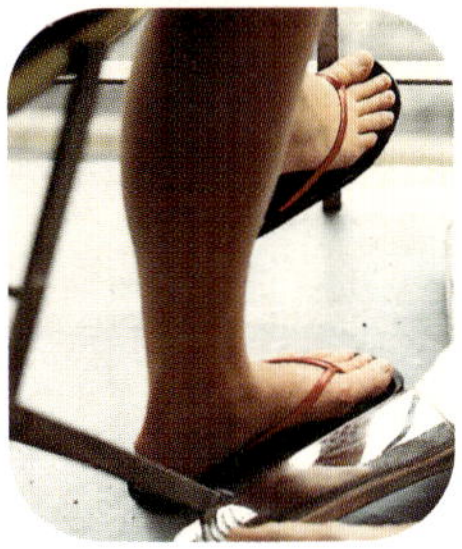

1 Lavez tous les légumes, pelez les carottes. Coupez en dés céleri, courgette, carotte et tomates, et en lanières chou et épinards. Pelez l'oignon et l'ail et coupez-les très finement.

2 Posez un faitout sur le feu et faites-y chauffer une cuillerée à soupe d'huile. Ajoutez l'oignon et l'ail et faites-les revenir. Mouillez avec le bouillon de légumes, incorporez les légumes et faites chauffer le tout.

3 Les légumes doivent cuire 15 minutes environ. Réglez le feu sur la position moyenne et couvrez à demi (mettez une cuillère en bois en travers du faitout et posez le couvercle dessus).

4 Cassez les pâtes en morceaux d'environ 5 centimètres de longueur. Mettez les haricots blancs dans une passoire et rincez-les sous l'eau froide jusqu'à ce que tout leur liquide soit éliminé. Ajoutez les pâtes et les haricots à la soupe et laissez frémir 10 minutes de plus, jusqu'à ce que les pâtes soient cuites al dente.

5 Goûtez le minestrone et rectifiez l'assaisonnement en sel et en poivre. Versez la soupe dans des assiettes creuses, arrosez-la du reste de l'huile et parsemez du fromage. La soupe la plus italienne de tous les temps est prête.

Préparation et cuisson : 45 minutes, dont 30 minutes de travail effectif
Servir avec du pain blanc frais ou légèrement grillé. Vous pouvez ajouter une petite cuillerée de pesto (voir page 61) dans chaque assiette.
Calories par part : 400

Pasta e fagioli
Soupe de pâtes aux haricots

Ou soupe de haricots aux pâtes ?...

Pour 4 personnes, en plat unique

300 g de haricots blancs secs (pour les paresseux : achetez 2 boîtes de haricots blancs en boîte, et passez directement à l'étape 3)

100 g de pancetta ou de lard de poitrine fumé

1 oignon

2 cuillerées à soupe d'huile d'olive

1 l à 1,5 l de bouillon de légumes ou de bœuf

1 petite boîte de tomates pelées (ou 200 g de tomates fraîches)

200 g de pâtes courtes (penne, orecchiette, fusilli...)

1/2 bouquet de persil

Sel, poivre noir du moulin

1 Si vous employez des haricots secs, mettez-les à tremper la veille dans une jatte d'eau. Si vous avez oublié de les mettre à tremper, utilisez simplement 2 boîtes de haricots cuits. Dans ce cas, vous n'aurez besoin que de 1 litre de bouillon.

2 Le jour même, égouttez les haricots secs et jetez l'eau de trempage.

3 Coupez la pancetta en dés. Pelez l'oignon et coupez-le très finement. Faites chauffer une cuillerée à soupe d'huile dans une cocotte et jetez-y la pancetta et l'oignon. Faites revenir en remuant jusqu'à ce que le gras de la pancetta soit transparent. Ajoutez les haricots secs et 1,5 l de bouillon. Laissez frémir le tout environ 2 heures sur feu doux, jusqu'à ce que les haricots soient tendres. Dans le cas des haricots en boîte, les 2 heures de cuisson ne sont pas nécessaires : égouttez-les et ajoutez-les à la pancetta et à l'oignon avec 1 litre de bouillon.

4 Égouttez les tomates en boîte et coupez-les (réservez le jus pour un autre usage). Dans le cas de tomates fraîches, lavez-les, coupez-

les très finement et incorporez-les à la soupe. Prélevez 2 louchées de soupe et passez-les au moulin à légumes. Remettez-les dans la cocotte : la soupe moulinée rend le plat plus onctueux. Ajoutez les pâtes et poursuivez la cuisson jusqu'à ce qu'elles soient al dente.

5 Pendant ce temps, lavez et essuyez le persil, puis hachez très finement ses feuilles. Salez et poivrez la soupe, parsemez du persil, et arrosez du reste de l'huile. Apportez la cocotte à table.

Préparation et cuisson : 2 h 30, dont 30 minutes de travail effectif
Servir avec du pain grillé et de l'huile d'olive ; poser la bouteille sur la table
Calories par part : 645

Zuppa di lenticchie
Soupe aux lentilles

Avec ou sans saucisse : à vous de choisir !

Pour 4 personnes

2 branches de céleri

2 ou 3 brins de sauge fraîche

2 ou 3 gousses d'ail

4 à 6 filets d'anchois à l'huile

4 cuillerées à soupe d'huile d'olive

200 g de lentilles brunes

25 cl de bouillon de légumes ou de bœuf

1 petite boîte de tomates pelées (400 g)

Poivre noir du moulin, sel

8 petites tranches de pain blanc

2 cuillerées à soupe de parmesan fraîchement râpé

1 Lavez les branches de céleri et coupez-en l'extrémité. Si vous tirez des fils en coupant, éliminez-les. Ôtez et réservez le feuillage du céleri et coupez les tiges en fines rondelles. Lavez la sauge et coupez ses feuilles en lanières. Pelez l'ail et coupez-le finement, de même que les anchois.

2 Posez une cocotte sur le feu, et faites-y chauffer une cuillerée à soupe d'huile. Jetez-y l'ail, les anchois, la sauge et le céleri, et faites-les revenir brièvement. Ajoutez les lentilles et remuez bien.

3 Versez le bouillon et faites-le chauffer. Coupez les tomates en boîte et ajoutez-les dans la cocotte avec leur jus.

4 Poivrez la soupe et couvrez-la. Laissez-la frémir environ 40 minutes sur feu moyen, jusqu'à ce que les lentilles soient cuites. Remuez fréquemment. Si la soupe bout trop fort, ajoutez du bouillon froid. Salez et rectifiez l'assaisonnement en poivre.

5 Faites chauffer 2 cuillerées à soupe d'huile dans une poêle. Ajoutez-y les tranches de pain et faites-les dorer, puis retournez-les et faites dorer l'autre face. Ciselez le feuillage du céleri. Placez les tranches de pain dans des assiettes creuses et arrosez-les de la soupe. Ajoutez le reste de l'huile et parsemez du fromage et de feuillage de céleri.

Préparation et cuisson : 1 heure, dont 20 minutes de travail effectif
Calories par part : 375

Ribollita
Soupe de légumes aux haricots blancs

Aussi délicieuse chaude que froide

Pour 4 personnes ou 2 personnes en plat unique

250 g de légumes verts (idéalement : chou, épinards et roquette)

1 carotte

1 branche de céleri

2 ou 3 gousses d'ail

60 g de pain rassis

1 ou 2 brins de romarin frais

4 cuillerées à soupe d'huile d'olive

1 l de bouillon de légumes ou de bœuf

1 boîte de haricots blancs cuits

Sel, poivre noir du moulin

1 oignon rouge

1 Lavez et hachez grossièrement les légumes verts. Pelez la carotte et lavez le céleri. Coupez-les d'abord en lanières, puis en dés. Pelez l'ail et coupez-le très finement. Coupez le pain en cubes. Lavez le romarin, effeuillez-le, puis ciselez ses feuilles.

2 Faites chauffer une cuillerée à soupe de l'huile dans une cocotte, et faites-y revenir brièvement la carotte, le céleri et l'ail. Incorporez le reste des légumes et le romarin.

3 Ajoutez le pain et le bouillon et faites-les chauffer. Réduisez le feu à la position moyenne et couvrez. Faites cuire les légumes environ 25 minutes, jusqu'à ce qu'ils soient tendres.

4 Égouttez les haricots blancs et rincez-les sous l'eau froide courante jusqu'à ce que leur liquide soit complètement éliminé. Ajoutez-les dans la cocotte et faites cuire environ 25 minutes de plus, en remuant fréquemment. Cette soupe n'en est pas vraiment une : c'est plutôt une bouillie épaisse, qui ne peut épaissir que si le pain se répartit bien. Goûtez-la et rectifiez l'assaisonnement en sel et en poivre.

5 Vous pouvez laisser la soupe refroidir et la consommer le lendemain. Vous pouvez également peler tout de suite l'oignon et le couper en deux, puis en fines lanières que vous placerez dans une coupelle. Apportez la marmite à table. Chaque convive se sert alors de ribollita, la parsème de lanières d'oignons et l'arrose d'un peu d'huile.

Préparation et cuisson : 1 heure, dont 45 minutes de travail effectif
Calories par part (4) : 295

Zuppa di pesce
Soupe de poisson

Une soupe bien roborative

Plus il y a de sortes de poissons, mieux cela vaut

Pour 4 personnes, en repas complet

600 g de poissons mélangés (peu importe lesquels, mais des poissons d'eau de mer. Faites lever les filets par le poissonnier ou achetez directement des filets)
100 g de crevettes crues décortiquées
250 g de palourdes (ou 100 à 150 g de calmars)
3 gousses d'ail, 1 bouquet de persil
1 peperoncino séché
1 petite boîte de tomates pelées (400 g)
1 cuillerée à soupe d'huile d'olive
1/8 de litre de vin blanc sec
3/8 de litre de fumet de poisson (en bocal)
4 grosses tranches de pain blanc
Sel, poivre noir du moulin

1 Coupez les poissons en tronçons de 4 centimètres. Conservez les crevettes entières. Lavez les palourdes et jetez celles qui sont restées ouvertes.

2 Pelez 2 gousses d'ail. Lavez le persil, essuyez-le et effeuillez-le. Hachez très finement l'ail, le persil et le peperoncino, et mélangez-les ensemble. Coupez les tomates en petits morceaux.

3 Faites chauffer l'huile d'olive dans une cocotte, puis faites-y revenir le mélange à l'ail. Ajoutez les tomates, le vin et le fumet de poisson, et laissez frémir 15 minutes sans couvrir.

4 Ajoutez les palourdes dans la cocotte et portez le tout à ébullition. Couvrez et faites cuire 5 minutes. Éliminez les coquillages qui sont restés fermés. Ajoutez le poisson et les crevettes dans la cocotte, réduisez le feu, couvrez, et faites cuire 6 à 8 minutes sur feu doux.

5 Pendant ce temps, faites griller le pain au grille-pain ou au four à 250 °C (chaleur tournante : 230 °C). Pelez le reste de l'ail et frottez-en le pain grillé. Coupez les tranches de pain en deux et placez-les dans des assiettes creuses. Salez et poivrez la soupe de poisson et versez-la sur le pain grillé.

Préparation et cuisson : 45 minutes, dont 30 minutes de travail effectif
Servir avec le même vin que celui de la soupe
Calories par part : 350

Parmigiana di melanzane
Gratin d'aubergines au fromage

Servi tiède, un très bon plat pour un buffet

Pour 4 personnes en plat principal, ou
8 personnes en accompagnement
3 ou 4 aubergines moyennes (environ 1 kg)
Sel
3 sachets de mozzarella (375 g)
1 bouquet de basilic
1 grosse boîte de tomates pelées (800 g)
Poivre noir du moulin
2 ou 3 cuillerées à soupe de farine
10 cuillerées à soupe d'huile d'olive
50 g de parmesan fraîchement râpé

1 Lavez les aubergines, coupez-en les extrémités, puis émincez-les dans la longueur, en lamelles d'environ 1 centimètre d'épaisseur. Poudrez celles-ci de sel et laissez-les dégorger pendant 15 minutes.

2 Pendant ce temps, égouttez la mozzarella et émincez-la en lamelles plus fines que celles des aubergines. Effeuillez le basilic et hachez-en finement les feuilles. Coupez les tomates en petits morceaux.

3 Assaisonnez les tomates avec le basilic, du sel et du poivre. À l'aide de papier absorbant, essuyez les gouttes d'eau qui se seront formées sur les lamelles d'aubergines. Mettez la farine dans une assiette creuse. Poivrez les aubergines et roulez-les dans la farine. Secouez-les pour ôter l'excédent.

4 Faites chauffer 2 cuillerées à soupe d'huile d'olive dans une poêle et réduisez le feu à la position moyenne. Faites dorer dans l'huile sur les deux faces un quart des aubergines, puis ôtez-les et rangez-les sur du papier absorbant. Remettez de l'huile dans la poêle et faites-y dorer la seconde fournée d'aubergines. Répétez l'opération pour les deux dernières fournées.

5 Préchauffez le four à 180 °C (chaleur tournante : 160 °C sans préchauffage). Disposez une couche d'aubergine dans un grand plat à gratin, puis recouvrez de tomates et ensuite de mozzarella. Continuez à alterner les couches jusqu'à épuisement des ingrédients. Poudrez du parmesan et arrosez du reste de l'huile d'olive. Faites cuire la parmigiana 30 minutes à mi-hauteur du four, ou jusqu'à ce que le dessus soit bien doré. Laissez-la refroidir environ 10 minutes, puis découpez-la et servez.

Préparation et cuisson : 1 h 15, dont 35 minutes de travail effectif
Servir avec du pain et un vin rouge léger. En accompagnement, la parmigiana est délicieuse avec de la viande ou du poisson au four ou grillés.
Calories par part (4) : 590

Notre conseil
Quelques variantes

La parmigiana sera encore plus fine si vous pelez les aubergines à l'aide d'un épluche-légumes.
En outre, si vous en avez le temps et l'envie, préparez une vraie sauce tomate selon la recette de la page 60.
Les Italiens ajoutent parfois 2 œufs durs coupés en fines rondelles qu'ils répartissent joliment dans le plat.

Asparagi al forno
Gratin d'asperges

Des asperges vertes, surtout

Pour 4 personnes en accompagnement,
ou 2 personnes en plat unique
500 g d'asperges vertes
Sel
1 cuillerée à soupe de beurre
1 cuillerée à soupe de farine
1/2 l de lait
80 g de parmesan ou de pecorino
fraîchement râpé
Poivre noir du moulin
Noix de muscade fraîchement râpée

1 Lavez les asperges à l'eau froide, puis coupez-les à environ 1 centimètre de la base. Si l'extrémité est encore dure, raccourcissez-la de nouveau, centimètre par centimètre, jusqu'à ce que vous arriviez à la partie tendre.

2 Dans une cocotte suffisamment large pour contenir les asperges rangées à plat, portez de l'eau à ébullition et salez, puis ajoutez-y les asperges et faites-les cuire 2 minutes. Ôtez-les à l'aide d'une écumoire et placez-les dans un plat à gratin.

3 Pour la sauce béchamel, faites fondre le beurre sur feu doux dans une sauteuse : il ne doit pas se colorer. Versez la farine et incorporez-la au beurre à l'aide d'une cuillère en bois. Continuez à remuer jusqu'à ce que la farine soit dorée. Versez le lait par petites quantités à l'aide d'un fouet. Laissez frémir environ 10 minutes pour que la béchamel épaississe et perde son goût de farine. Remuez fréquemment.

4 Préchauffez le four à 220 °C (chaleur tournante : 200 °C).

5 Incorporez la moitié du fromage à la sauce béchamel. Salez légèrement (le fromage est déjà salé), poivrez et muscadez. Nappez les asperges de la béchamel et parsemez du reste du fromage. Glissez le plat à mi-hauteur du four et faites cuire environ 20 minutes, jusqu'à ce que la béchamel présente des taches brunes.

Préparation et cuisson : 20 minutes de travail effectif, 20 minutes de détente
Servir avec de la viande ou du poisson au four ou grillés, en entrée avec du pain frais ou en plat principal avec des pommes de terre
Calories par part (2) : 210

Finocchi al forno
Gratin de fenouil

Un plat très bon marché

Pour 4 personnes en accompagnement,
ou 2 personnes en plat unique
2 bulbes de fenouil (environ 700 g)
Sel
2 tomates
4 cuillerées à soupe de chapelure
4 cuillerées à soupe de parmesan
fraîchement râpé
Poivre noir du moulin
2 cuillerées à soupe de beurre

1 Ôtez du fenouil les feuilles flétries et les grosses tiges vertes, et réservez le feuillage vert. Coupez les bulbes en deux dans la longueur, puis recoupez chaque moitié en deux. Tranchez leur base. Portez à ébullition 5 centimètres d'eau salée dans une cocotte. Plongez-y les quarts de fenouil, couvrez et faites cuire 5 minutes.

2 Pendant ce temps, lavez les tomates et coupez-les en petits dés. Ciselez le feuillage du fenouil. Transférez les bulbes de fenouil dans une passoire, rafraîchissez-les sous l'eau froide et laissez-les égoutter.

3 Préchauffez le four à 200 °C (chaleur tournante : 180 °C). Rangez les quarts de fenouil dans un plat à gratin. Couvrez des tomates, salez et poivrez. Mélangez la chapelure avec le fromage et le feuillage ciselé et parsemez-en le plat. Coupez le beurre en dés et répartissez-le sur le dessus.

4 Faites cuire le gratin environ 20 minutes à mi-hauteur du four. La chapelure doit être bien dorée.

Préparation et cuisson : 50 minutes, dont 30 minutes de travail effectif
Servir avec du poisson ou de la viande grillés, en plat principal avec des pommes de terre ou en entrée chaude ou tiède
Calories par part (2) : 250

Variante : Cipolle al forno

Gratin d'oignons

Pelez 500 grammes d'oignons et faites-les blanchir environ 10 minutes dans de l'eau salée. Rafraîchissez-les sous l'eau froide et laissez-les égoutter. Coupez-les en rondelles de 2 centimètres d'épaisseur et rangez-les côte à côte dans un plat à gratin. Hachez très finement les feuilles d'un bouquet de persil et 8 à 10 feuilles de sauge. Parsemez-en les oignons, salez et poivrez. Arrosez-les de 4 cuillerées à soupe d'huile d'olive. Faites cuire les oignons environ 40 minutes à mi-hauteur du four, jusqu'à ce qu'ils soient bien dorés.

Pomodori ripieni

Tomates farcies

Un grand plaisir

Pour 4 personnes, en accompagnement

4 grosses tomates ou 8 tomates moyennes
1 boîte de sardines à l'huile (environ 100 g)
2 cuillerées à soupe d'olives noires
1 gros bouquet de persil
1 oignon, 2 gousses d'ail
4 cuillerées à soupe d'huile d'olive
4 cuillerées à soupe de chapelure
4 cuillerées à soupe de parmesan fraîchement râpé
1 cuillerée à soupe de jus de citron
1 cuillerée à café de zeste de citron
Sel, poivre noir du moulin

1 Lavez les tomates, découpez un chapeau au niveau du pédoncule, puis prélevez l'intérieur à l'aide d'une cuillère. Jetez les graines et coupez la pulpe en morceaux. Posez les tomates à l'envers et laissez-les égoutter.

2 Égouttez les sardines et émiettez-les. Dénoyautez les olives et coupez en dés leur pulpe. Lavez le persil, effeuillez-le et ciselez finement ses feuilles. Pelez l'oignon et l'ail et coupez-les très finement.

3 Préchauffez le four à 180 °C (chaleur tournante : 160 °C sans préchauffage). Faites chauffer une cuillerée à soupe d'huile dans une poêle, puis faites-y revenir l'oignon et l'ail. Incorporez la pulpe de tomate et le persil. Laissez mijoter environ 5 minutes sur feu moyen, sans couvrir.

4 Incorporez les olives et les sardines. Ôtez la poêle du feu, laissez refroidir un peu, puis ajoutez la chapelure, le fromage, le jus et le zeste de citron. Salez, poivrez et mélangez. Farcissez les tomates de ce mélange en formant un dôme. Rangez les tomates côte à côte dans un plat à gratin. Arrosez-les du reste de l'huile.

5 Faites cuire les tomates farcies environ 30 minutes à mi-hauteur du four. Le mélange à la chapelure doit être bien doré.

Préparation et cuisson : 50 minutes, dont 20 minutes de travail effectif
Servir avec du poisson ou de la viande grillés, en plat principal avec du pain ou un risotto
Calories par part : 220

Fagioli all'uccelletto

Haricots blancs à la tomate et à la sauge

Un plat très économique

Pour 4 personnes, en accompagnement

2oo g de haricots blancs secs

2 gousses d'ail

5 ou 6 brins de sauge fraîche

2 cuillerées à soupe d'huile d'olive

1 petite boîte de tomates pelées (400 g)

Sel, poivre noir du moulin

1 La veille, mettez les haricots dans une jatte, couvrez-les d'eau et laissez-les tremper toute la nuit. Les haricots cuits en boîte ne conviennent pas pour cette recette : en cuisant avec les tomates, ils se ramolliraient trop.

2 Le jour même, égouttez les haricots et jetez leur eau, puis mettez-les dans une casserole avec de l'eau propre. Couvrez et faites cuire 1 heure à 1 h 30 sur feu moyen.

3 Pelez l'ail et coupez-le très finement. Lavez la sauge, essuyez-la et coupez ses feuilles en lanières.

4 Faites chauffer l'huile dans une cocotte. Faites revenir l'ail et la sauge. Coupez les tomates en morceaux, égouttez les haricots, et mettez le tout dans la cocotte. Salez, poivrez et laissez mijoter 20 minutes sur feu moyen, sans couvrir. Rectifiez l'assaisonnement.

Préparation et cuisson : 2 heures, dont 20 minutes de travail effectif (hors trempage des haricots)
Servir avec une arista (voir page 137) et des salsicce grillées, de la viande ou du poisson grillés
Calories par part : 200

Peperonata

Ratatouille aux poivrons

Chaude ou froide, une saveur toute méridionale

Pour 6 à 8 personnes, en accompagnement ou en hors-d'œuvre

2 poivrons jaunes et 2 poivrons rouges (environ 700 g)

2 oignons blancs (environ 250 g)

2 gousses d'ail, 3 cuillerées à soupe d'huile d'olive

1 petite boîte de tomates pelées (400 g)

Sel, poivre noir du moulin

1 pincée de piment en poudre

2 cuillerées à soupe de vinaigre blanc

1 Lavez les poivrons et découpez-leur un « chapeau » au niveau du pédoncule. Ôtez leurs graines et leurs filaments blancs, puis coupez-les en quatre et enfin en lanières. Pelez les oignons et l'ail. Coupez les oignons en rondelles et l'ail en petits morceaux.

2 Posez une grande poêle sur le feu et faites-y chauffer l'huile. Ajoutez les poivrons, les oignons et l'ail et remuez bien.

3 Coupez en morceaux les tomates et ajoutez-les dans la poêle. Salez, poivrez, saupoudrez de piment. Réduisez le feu à la position moyenne, couvrez et laissez frémir 15 à 20 minutes, jusqu'à ce que les poivrons soient cuits.

4 Ôtez la poêle du feu et laissez reposer 5 minutes. Versez le vinaigre et rectifiez l'assaisonnement en sel et en piment. Servez sans attendre ou laissez refroidir.

Préparation et cuisson : 45 minutes, dont 20 minutes de travail effectif
Servir avec de la viande ou du poisson grillés, des pâtes ou, froid, en hors-d'œuvre ou en buffet
Calories par part (8) : 70

Spinaci al limone
Épinards au citron

Un vrai régal !

Pour 4 personnes, en accompagnement

750 g d'épinards, sel

1/2 citron non traité

2 gousses d'ail

2 cuillerées à soupe d'huile d'olive

Poivre noir du moulin

1 Remplissez l'évier d'eau froide et lavez bien les épinards. Égouttez-les et recommencez jusqu'à ce que l'eau soit propre. Portez de l'eau salée à ébullition. Plongez-y les épinards, couvrez et faites cuire 2 minutes. Puis retirez-les et rafraîchissez-les sous l'eau froide.

2 Lavez le demi-citron, prélevez-en le zeste et coupez finement celui-ci. Exprimez le jus du citron. Pelez l'ail.

3 Faites chauffer l'huile dans une cocotte. Ajoutez les épinards, le zeste et le jus de citron. Écrasez l'ail au presse-ail au-dessus de la cocotte. Salez, poivrez, réchauffez et servez.

Préparation et cuisson : 20 minutes
Servir avec de la viande ou du poisson
Calories par part : 75

Caponata
Ratatouille sicilienne à l'aubergine

Idéale l'été, lorsque les aubergines sont gorgées de soleil

Pour 4 personnes, en accompagnement ou en hors-d'œuvre

2 branches de céleri

1 oignon, 2 gousses d'ail

1 aubergine (environ 350 g)

250 g de tomates

4 à 6 cuillerées à soupe d'huile d'olive

Sel, poivre noir du moulin

1 cuillerée à soupe d'olives vertes dénoyautées

1/2 bouquet de basilic

2 cuillerées à soupe de vinaigre de vin rouge

1/2 cuillerée à soupe de sucre

1 ou 2 cuillerées à soupe de câpres

1 cuillerée à soupe de pignons de pin

1 Lavez le céleri et coupez-en les extrémités flétries. Coupez le reste en fines rondelles. Pelez l'oignon et l'ail. Coupez l'oignon en deux, puis en fines lanières. Hachez finement l'ail. Lavez l'aubergine, coupez-la en fines rondelles, puis chaque rondelle en huit. Lavez les tomates et coupez-les en dés. Leur peau n'altérera pas le plat.

2 Faites chauffer la moitié de l'huile dans une poêle. Faites-y revenir la moitié des aubergines sur feu moyen, puis ôtez-les. Remettez 2 cuillerées à soupe d'huile dans la poêle, faites-y revenir le reste des aubergines, puis retirez-les.

3 Mettez le reste de l'huile dans la poêle et faites-y revenir l'oignon et l'ail. Incorporez l'aubergine, le céleri et les tomates. Salez et poivrez. Couvrez et laissez les légumes mijoter pendant environ 5 minutes.

4 Pendant ce temps, coupez les olives en deux et effeuillez le basilic. Si ce n'est pas nécessaire, ne lavez pas les feuilles.

5 Ajoutez le basilic, les olives, le vinaigre, le sucre et les câpres aux aubergines. Mélangez et faites cuire environ 15 minutes, sans couvrir. Remuez fréquemment.

6 Faites chauffer une petite poêle et faites-y griller les pignons à sec, en remuant, jusqu'à ce qu'ils soient dorés. Laissez refroidir la caponata, puis parsemez-la des pignons de pin.

Préparation et cuisson : 45 minutes, dont 25 minutes de travail effectif
Servir avec du poisson ou de la viande grillés, un plat d'agneau, des gnocchi (voir page 86), ou en hors-d'œuvre
Calories par part : 180

Patate con rosmarino

Pommes de terre au romarin

Elles font concurrence à toutes les pommes de terre sautées

Pour 4 personnes, en accompagnement

700 g de pommes de terre à chair ferme

2 brins de romarin

3 ou 4 cuillerées à café d'huile d'olive, sel

1 Brossez les pommes de terre sous l'eau courante, puis faites-les cuire 20 à 30 minutes à la vapeur. Laissez-les refroidir.

2 Pelez les pommes de terre refroidies et coupez-les en quatre dans la longueur. Lavez, essuyez et effeuillez le romarin.

3 Faites chauffer l'huile dans une grande poêle. Ajoutez-y les pommes de terre, coupées en quartiers sur la longueur. Faites-les dorer sur feu moyen, puis retournez-les. Ajoutez le romarin, salez, poivrez, et faites sauter 5 minutes de plus.

Préparation et cuisson : 50 minutes (hors refroidissement), dont 20 minutes de travail effectif
Calories par part : 210

Carote al marsala

Carottes à la sauce au marsala

Comme chez la mamma sicilienne

Pour 4 personnes, en accompagnement

600 g de carottes

2 cuillerées à soupe de beurre

1/8 de litre de marsala sec

Sel, poivre noir du moulin

1/2 bouquet de persil

1 cuillerée à café de jus de citron

1 Pelez les carottes et coupez leur base. Coupez le reste en quatre dans la longueur, puis en tronçons de 4 centimètres dans la largeur.

2 Faites fondre le beurre dans une cocotte, sans le laisser se colorer. Ajoutez les carottes et faites-les revenir 5 minutes sur feu moyen, en remuant sans cesse.

3 Arrosez du marsala, salez et poivrez. Couvrez et faites cuire les légumes 12 à 15 minutes, jusqu'à ce qu'ils soient al dente.

4 Pendant ce temps, lavez le persil et essuyez-le. Ciselez ses feuilles, puis incorporez-les aux carottes avec le jus de citron. Rectifiez l'assaisonnement et servez.

Préparation et cuisson : 30 minutes, dont 15 minutes de travail effectif
Servir avec un rôti, de la volaille, des scaloppine (voir page 132) ou des costolette alla milanese (voir page 134)
Calories par part : 100

Funghi trifolati

Champignons braisés

Tellement bons qu'avec eux il n'y a jamais de restes

Dans le cas contraire, mangez-les froids. Les champignons braisés ne supportent pas le réchauffage.

Pour 4 personnes, en accompagnement

500 g de champignons frais (champignons de Paris ou, idéalement, cèpes frais)

2 gousses d'ail

3 cuillerées à soupe d'huile d'olive

1 bouquet de persil

Sel, poivre noir du moulin

Noix de muscade fraîchement râpée

1 cuillerée à café de zeste de citron râpé (non traité !)

1 Nettoyez les champignons à l'aide de papier absorbant (s'ils sont très sales, vous vous faciliterez la tâche en humidifiant le papier), coupez leur pied sableux et émincez le reste en fines lamelles. Pelez l'ail et coupez-le très finement.

2 Posez une grande poêle sur le feu – de préférence en fonte – et faites-la chauffer. Versez l'huile, ajoutez les champignons, et faites-les revenir sur feu vif en remuant sans cesse.

3 Ajoutez l'ail, réduisez le feu, couvrez, et faites cuire le tout 10 minutes sur feu doux.

4 Pendant ce temps, lavez le persil, essuyez-le, effeuillez-le et ciselez finement ses feuilles. Incorporez-les ensuite aux champignons avec du sel, du poivre, une pincée de muscade râpée et le zeste de citron. Ce plat est meilleur dégusté très chaud.

Préparation et cuisson : 30 minutes
Servir avec des scaloppine (voir page 132), de l'agneau, du gibier, des pâtes ou des gnocchi (voir page 86)
Calories par part : 90

Carciofi arrostiti
Artichauts rissolés

N'employez surtout pas de gros artichauts de Bretagne

Pour 4 personnes, en accompagnement

6 petits artichauts (des poivrades, de préférence, environ 600 g)
1 cuillerée à soupe de jus de citron
1/2 bouquet de persil
2 gousses d'ail
2 cuillerées à soupe d'huile d'olive
Sel, poivre noir du moulin

1 Ôtez les feuilles externes dures des artichauts. Conseil de la mamma : croquez la base d'une feuille restante ; si elle est tendre sous la dent, vous avez ôté suffisamment de feuilles externes. Coupez les pointes sombres des feuilles. Épluchez les queues en pointe. Coupez chaque artichaut en huit dans la longueur, queue comprise. Mélangez-les avec le jus de citron.

2 Lavez le persil, essuyez-le et effeuillez-le. Pelez l'ail et coupez-le très finement, de même que les feuilles de persil.

3 Faites chauffer l'huile dans une grande poêle, de préférence en fonte. Ajoutez-y les artichauts et faites-les revenir environ 5 minutes sur feu moyen en remuant fréquemment.

4 Incorporez le persil et l'ail. Salez, poivrez et faites cuire environ 2 minutes, jusqu'à ce que les artichauts soient al dente. Servez chaud.

Préparation et cuisson : 30 minutes
Servir avec une arista (voir page 137) ou de l'agneau rôti
Calories par part : 80

Notre conseil

Dans cette recette, il est déconseillé de remplacer les artichauts frais par des artichauts en conserve, lesquels n'ont pas suffisamment de saveur. Choisissez de petits artichauts de type poivrade, qui peuvent par ailleurs se manger crus.

Pesce

Rouget, dorade, rascasse, calmar… une pêche miraculeuse !

eccetera

[Poissons, crustacés, etc.]

Le croirait-on ? Les Italiens ne mangent pas autant de poisson que la longueur de leur littoral le laisserait supposer. Cela tient au fait qu'ils sont plus nombreux à vivre dans les grandes villes que dans les villages de pêcheurs. Sans oublier que le fruit de leur pêche en Méditerranée s'amenuise d'année en année.

En revanche, la diversité des poissons vivant dans les eaux qui entourent l'Italie est tout simplement étonnante. On y trouve pêle-mêle maquereaux, rougets, sardines, soles, tous types de dorades, rascasses, truites de mer, thons et espadons, ainsi qu'un grand nombre de crustacés, de calmars et de coquillages. Et ce ne sont là que les espèces les plus répandues.

Avec un tel choix, il suffit de quelques ingrédients complémentaires pour confectionner des plats d'une saveur intense. En matière de poissons, en effet, la cuisine italienne est très naturelle et dénuée de fioritures. Quelquefois apprêté en filets, le poisson est le plus souvent préparé entier, grillé, cuit au four ou frit, accompagné en toute simplicité d'huile d'olive, d'ail et d'herbes aromatiques. Veramente buono !

Comment lever les filets de poisson ?

Le cas échéant, écaillez le poisson. Pour ne pas salir votre cuisine, prenez-le par la queue enroulée dans un linge et tenez-le au-dessus de l'évier. À l'aide du dos de la lame d'un couteau, grattez les écailles de la queue vers la tête. Avec des ciseaux de cuisine, coupez les nageoires dorsale et ventrale dans le même sens.

Pour vider le poisson, fendez-lui le ventre de la queue à la tête avec la pointe d'un couteau ou des ciseaux de cuisine. Tirez les viscères avec les doigts, de la queue vers la tête, puis tranchez-les sans abîmer la vésicule biliaire sombre. La tache foncée située sur l'arête centrale est le rein : rincez-le sous l'eau froide courante.

Pour les petits poissons (sardine), faites une incision entre la tête et le corps, dans la largeur. Incisez ensuite le long de l'arête dorsale. Glissez la lame du couteau à plat entre l'arête centrale et le filet, et décollez celui-ci de la queue vers la tête. Pour les plus gros poissons, tranchez la tête, puis détachez le filet de la même façon que pour les petits.

Pour ôter la peau, posez le filet à plat, peau en dessous et queue vers la gauche. Tenez la queue dans la main gauche et glissez un couteau à lame souple (couteau à « filets de sole ») entre la peau et la chair, de la queue vers la tête.

La recette n° 5 de tante Lucia

Filetto delizioso

Quand j'ai du vague à l'âme, je me fais du poisson. Rien que pour moi. C'est une habitude que j'avais déjà alors que je ne savais pas du tout cuisiner : je me contentais de mettre un filet surgelé dans le four, mais cela me rendait encore plus triste. Aujourd'hui, je me prépare un « filetto delizioso » : un filet de poisson, du cabillaud, par exemple, que je sale et que je badigeonne d'huile d'olive. Je mélange une cuillerée à soupe de chapelure avec une cuillerée à soupe de parmesan, une cuillerée à café d'amandes en poudre et une cuillerée à café de persil haché et j'en enduis le poisson. Ensuite, je coupe finement des ciboules et des tomates séchées, ou des tomates-cerises et des cœurs d'artichauts, de la trévise, des champignons ou du lard. Quand je suis seule, j'ajoute une bonne quantité d'ail haché. J'ajoute une cuillerée à soupe d'huile d'olive et un trait de jus de citron. J'étale le lit de légumes dans un plat à gratin, je pose le filet dessus, j'arrose d'huile d'olive et je fais cuire le tout 10 bonnes minutes dans le four à 200 °C. Après dégustation, je me sens beaucoup mieux !

Notre produit de la mer préféré

Le poisson entier

Il peut être

- populaire comme le maquereau (sgombro), le mulet (cefalo), le rouget (triglia), la sardine (sarde), le denté (dentice) et le pagre (pagro)
- fin comme la dorade (orata), la sole (sogliola), le turbotin (rombo) et le loup de mer (branzino)
- rare comme la rascasse (scorfano), la truite (trota), le brochet de mer (nasello)
- vendu surgelé hors d'Italie

Il doit

- être très frais, c'est-à-dire avoir les yeux clairs et brillants, les branchies rouges et humides, la peau luisante et la chair ferme
- être écaillé et vidé, s'il ne l'est pas déjà
- après l'achat, être enveloppé, réfrigéré (pas sur de la glace) et conservé 1 à 2 jours maximum
- être décongelé lentement au réfrigérateur

Il peut

- être préparé avec une petite quantité d'aromates à l'odeur prononcée : herbes, huile d'olive et ail, par exemple, à la poêle ou au gril
- être cuit au four avec des légumes ou farci d'une garniture simple
- être frit s'il est très jeune
- être coupé en darnes s'il est très gros

Il aime

- beurre, huile d'olive, pesto, vin blanc, citron
- verdure de fenouil, origan, laurier, romarin, sauge, thym
- basilic et persil, en farce et en accompagnement
- graines de fenouil, câpres, ail, amandes, olives, parmesan, pignons de pin, anchois
- petits pois, fenouil, poivron, champignon, asperge verte, épinard, tomate, courgette
- pomme de terre, pâtes, riz
- et encore : lard, vin rouge

5 suggestions pour les perplexes

Des poissons...

Les Italiens auraient bien tort de ne pêcher que des sardines et des soles dans la Méditerranée. Que trouve-t-on dans leurs assiettes ?

Thon et espadon

Le tonno et la spada sont des poissons à sang chaud et très musclés. C'est pourquoi leur texture rappelle davantage le bœuf ou le veau que le poisson. Ils sont débités en steaks qui doivent être cuits « roses à l'arête ».

Morue séchée et salée

Sur les côtes du Portugal, d'Espagne et de Norvège, la morue mais aussi l'anguille de mer et l'églefin sont mis à sécher au vent et au soleil ou salés. La baccalà, morue séchée et salée, a sans doute été introduite en Italie par les marchands de sel italiens au cours de leurs voyages. Elle doit être mise à tremper dans l'eau entre 1 jour et 1 semaine, puis cuire pendant des heures avec du lait et de l'huile d'olive ou des tomates, ou encore être frite.

Scampi et gamberi

Les scampi sont apparentés à la langoustine et au homard, et comme eux possèdent des pinces. Les gamberi, ou gambas, sont des crevettes dépourvues de pinces mais possédant une queue très recourbée. Tous deux sont excellents grillés.

Calamari, seppie et polpi

La distinction entre ces trois mollusques n'est pas évidente ; même les Italiens ne sont pas d'accord entre eux. Disons que le calamaro et la seppia sont des seiches dont on ne consomme que le corps (blanc), grillé, farci ou frit, et que le polpo (poulpe ou pieuvre), d'une longueur maximale de 15 centimètres, se consomme volontiers entier.

Cozze et vongole

La première, la moule, se cuit principalement avec du vin, des légumes et des herbes (voir page 118). Pour la seconde, la palourde, la recette la plus connue est celle des spaghetti vongole (voir page 66). Il existe une règle immuable pour ces deux coquillages : il faut jeter ceux qui sont ouverts avant la cuisson et ceux qui restent fermés après, car ils sont impropres à la consommation.

Pesce misto ai ferri

Poissons grillés

La recette pour barbecue par excellence

La mayonnaise italienne, maionese, est toujours confectionnée avec la meilleure huile d'olive

Pour 4 fans d'ail

800 g de poissons (mélangez les espèces : lotte, espadon, rascasse et thon en filets ou en tranches, sardines ou truites entières. Vous pouvez ajouter des crevettes entières crues et non décortiquées)

Sel, poivre noir du moulin

4 cuillerées à soupe d'huile d'olive

Pour la mayonnaise :

2 jaunes d'œufs très frais

8 cuillerées à soupe de la meilleure huile d'olive

2 à 4 gousses d'ail

1/4 de bouquet de persil

2 cuillerées à café de câpres

3 ou 4 cuillerées à soupe de jus de citron

Sel, piment en poudre

1 Rangez les filets, les tranches, les poissons entiers et les crevettes dans une jatte en céramique. Mélangez du sel et du poivre avec l'huile d'olive. Arrosez les poissons de ce mélange. Laissez mariner 1 à 2 heures avant d'allumer le barbecue.

2 Pour la mayonnaise, mettez les jaunes d'œufs dans un bol et lissez-les au fouet. Versez l'huile en filet en fouettant bien. Lorsque le mélange est émulsionné, vous pouvez verser un peu plus d'huile à la fois tout en continuant à fouetter. La mayonnaise doit avoir une consistance épaisse et fluide.

3 Pelez l'ail et écrasez-le au presse-ail au-dessus de la mayonnaise. Hachez très finement le persil et les câpres et incorporez-les à la mayonnaise. Ajoutez le jus de citron, du sel et du piment en poudre et mélangez.

4 Faites chauffer la grille du barbecue ou allumez le gril du four. Placez les poissons sur la grille ou sous le gril chaud. Faites-les griller 5 à 7 minutes, puis retournez-les et faites griller l'autre face.

Préparation et cuisson : 30 minutes (hors préchauffage du gril)
Servir avec du pain blanc croustillant, une salade mixte et un vin blanc sec et léger
Calories par part : 555

Pesce aglio olio

Poisson à l'huile d'ail

Molto presto

Pour 4 personnes pressées

3 ou 4 gousses d'ail

6 cuillerées à soupe d'huile d'olive

800 g de filets ou de tranches de poisson (cabillaud, rascasse, espadon...) et des crevettes crues décortiquées (facultatif)

Sel, poivre noir du moulin

2 cuillerées à soupe de farine

Quartiers de citron

1 Pelez l'ail, coupez les gousses en quatre, puis recoupez 1 ou 2 gousses en bâtonnets ou hachez-les.

2 Versez l'huile dans une grande poêle et faites-la chauffer. Ajoutez-y les gousses coupées en quatre et faites-les revenir environ 5 minutes sur feu moyen. Vous pouvez les laisser se colorer, mais pas brûler.

3 Pendant ce temps, salez et poivrez les filets. Puis mettez la farine dans une assiette creuse et roulez-y les filets. Inutile de les secouer pour ôter l'excédent de farine.

4 Sortez l'ail de la poêle. Mettez les filets dans la poêle, parsemez-les de l'ail en bâtonnets ou haché, et faites cuire 1 à 2 minutes de chaque côté. C'est prêt ! Servez avec les quartiers de citron.

Préparation et cuisson : 15 minutes
Servir avec des épinards ou une caponata (voir page 109), du pain blanc frais et un vin blanc puissant ou un rouge léger
Calories par part : 330

Involtini di pesce

Roulades de poisson

Important : les tranches doivent être très fines

Pour 4 personnes, en secondo

8 longs filets de poisson (espadon, flétan ou cabillaud, demandez conseil à votre poissonnier) de 80 g chacun environ

4 filets d'anchois à l'huile

1 oignon, 2 gousses d'ail

5 cuillerées à soupe d'huile d'olive + huile pour le plat

2 cuillerées à soupe de grappa (facultatif)

2 cuillerées à soupe de chapelure

Sel, poivre noir du moulin

125 g de mozzarella

1 petit bouquet de persil

3 ou 4 brins d'origan, 4 feuilles de laurier

4 cuillerées à soupe de jus de citron

1 Coupez 2 filets de poisson en dés. Coupez finement les anchois. Pelez l'oignon et l'ail et coupez-les finement aussi.

2 Faites chauffer 2 cuillerées à soupe d'huile dans une poêle, et faites-y revenir l'oignon et l'ail. Ajoutez les dés de poisson et les anchois et faites-les revenir un instant en remuant. Incorporez la grappa et la chapelure, salez, poivrez un peu, et transférez le tout dans une jatte.

3 Coupez les filets de poisson de façon à en obtenir 12 moyens. Étalez un peu de mélange au poisson sur chaque filet. Égouttez la mozzarella, émincez-la en très fines lamelles, et répartissez-la entre les filets de poisson. Poivrez.

4 Préchauffez le four à 200 °C (chaleur tournante : 180 °C). Badigeonnez d'huile un plat à gratin suffisamment grand pour contenir les filets côte à côte. Roulez les filets et rangez-les dans le plat.

5 Lavez et essuyez les herbes. Effeuillez-les et hachez-les très finement. Versez le jus de citron et le reste de l'huile dans un bol et fouettez-les vigoureusement à l'aide d'une fourchette, jusqu'à ce que le mélange soit crémeux. Incorporez les herbes. Salez et poivrez la sauce et nappez-en les roulades.

6 Faites cuire ces involtini 20 minutes à mi-hauteur du four, jusqu'à ce qu'ils soient colorés.

Préparation et cuisson : 50 minutes, dont 20 minutes de détente
Servir avec des pommes de terre au romarin (voir page 110), des épinards au citron (voir page 109) et un vin blanc sec
Calories par part : 350

Cozze al vino bianco

Moules au vin blanc

Moules marinière à l'italienne

Beaucoup les aiment, tandis que d'autres les ont en horreur. Les moules sont une question de goût. Il est indispensable qu'elles soient achetées vivantes et que le liquide de cuisson soit en ébullition avant d'y jeter les coquillages.

Pour 4 personnes, en repas léger

3 kg de moules

1 carotte

1 oignon

4 gousses d'ail

2 branches de céleri

1 bouquet de basilic ou de persil

1 ou 2 brins de thym frais (ou 1 pointe de couteau de thym séché)

2 cuillerées à soupe d'huile d'olive

2 tomates pelées (éventuellement, en boîte : conservez le reste pour une sauce)

75 cl de vin blanc sec

1 feuille de laurier

Sel, poivre noir du moulin

1 Lavez les moules sous l'eau froide courante. Si elles sont très sales, brossez-les. Jetez celles qui seront restées ouvertes pendant le lavage.

2 Pelez la carotte, l'oignon et l'ail et lavez le céleri. Coupez le tout très finement. Effeuillez le basilic (ou le persil) et hachez les feuilles. Lavez le thym et effeuillez-le.

3 Faites chauffer l'huile dans un faitout. Jetez-y le mélange à l'oignon et faites-le revenir brièvement. Ajoutez les herbes. Coupez finement les tomates et mettez-les dans le faitout avec le vin. Ajoutez le laurier, salez, poivrez et portez à ébullition.

4 Lorsque le liquide bout, jetez-y les moules. Couvrez et faites cuire 8 à 10 minutes sur feu très vif, sans ôter le couvercle. Secouez régulièrement le faitout pour que les moules du dessus descendent dans le liquide de cuisson.

5 Ôtez le couvercle. À quelques exceptions près, toutes les moules doivent être ouvertes. Si certaines sont restées fermées, faites cuire 2 à 3 minutes de plus. Jetez celles qui sont encore fermées après ce laps de temps. Rectifiez l'assaisonnement, puis servez les moules avec leur liquide.

Préparation et cuisson : 45 minutes, dont 35 minutes de travail effectif
Servir avec beaucoup de pain blanc frais
Calories par part : 265

Cozze gratinate
Moules farcies

Ce plat peut se servir en hors-d'œuvre pour un plus grand nombre de personnes

Pour 4 personnes, en plat unique

2 kg de moules

1/2 l de vin blanc sec

1 feuille de laurier

Sel, poivre noir du moulin

80 g de pain blanc rassis

3 gousses d'ail

1 peperoncino séché

1 bouquet de persil

4 tomates

2 petits œufs

50 g de parmesan fraîchement râpé

2 cuillerées à soupe d'huile d'olive

1 Lavez les moules sous l'eau froide courante. Jetez celles qui seront restées ouvertes.

2 Portez le vin à ébullition dans un faitout avec le laurier, du sel et du poivre. Jetez-y les moules, couvrez et faites cuire à gros bouillons pendant 8 à 10 minutes. Jetez les moules qui seront restées fermées.

3 Préchauffez le four à 220 °C (chaleur tournante : 200 °C). Placez la lèchefrite sur le plan de travail.

4 Émiettez le pain. Pelez l'ail et écrasez-le au presse-ail au-dessus du pain. Pilez le peperoncino au mortier. Lavez le persil, essuyez-le et hachez-en très finement les feuilles. Lavez les tomates et coupez-les en petits dés. Mélangez le pain, l'ail, le peperoncino, le persil et les tomates avec les œufs et le fromage. Salez.

5 Égouttez les moules et détachez-en la coquille vide. Rangez dans la lèchefrite toutes les demi-coquilles contenant une moule. Parsemez-les de mélange au pain et arrosez d'huile d'olive. Glissez la lèchefrite à mi-hauteur du four et faites cuire environ 10 minutes, jusqu'à ce que la farce soit dorée. Dégustez chaud.

Préparation et cuisson : 1 bonne heure, dont 15 minutes de détente
Calories par part : 330

Pesce al forno
Poisson au four

Un repas estival

Pour 4 personnes

700 g de filets de poisson (n'importe quel poisson d'eau de mer)

Sel, poivre noir du moulin

400 g de tomates

2 ou 3 gousses d'ail

1 oignon rouge

1/2 bouquet de basilic

1/2 bouquet de persil

Quelques brins de romarin frais

1/2 à 1 peperoncino séché

3 cuillerées à soupe d'huile d'olive

1 Préchauffez le four à 200 °C (chaleur tournante : 180 °C).

2 Coupez les filets de poisson en morceaux, puis salez-les sur les deux faces. Rangez-les côte à côte dans un plat à four.

3 Lavez les tomates, coupez-les en deux, puis en fines lanières. Pelez l'ail et l'oignon et coupez-les très finement.

4 Lavez et essuyez les herbes. Effeuillez-les et ciselez les feuilles. Pilez le peperoncino au mortier. À défaut de mortier, effritez-le entre vos doigts. (Attention : lavez-vous les mains et évitez de vous frotter les yeux pendant plusieurs heures.)

5 Mélangez l'oignon, l'ail et les herbes avec le peperoncino. Parsemez le poisson de ce mélange. Ajoutez les lanières de tomates, salez et poivrez. Arrosez le tout d'huile. Glissez le plat à mi-hauteur du four et faites cuire 15 à 20 minutes.

Préparation et cuisson : 35 minutes, dont 15 minutes de travail effectif
Servir avec des quartiers de citron, des pommes de terre au romarin (voir page 110), du pain blanc frais et un vin blanc léger
Calories par part : 220

Variantes :

Poisson entier

Pour les grandes occasions, préparez des poissons entiers comme des sardines ou de petits rougets. Pour ces deux poissons, le temps de cuisson est identique. Pour une grosse pièce, comptez 40 minutes de cuisson au four. Si vous hésitez, demandez à votre poissonnier. On peut ajouter à la texture du poisson en le poudrant de chapelure avant de l'arroser d'huile d'olive.

Dorade au four

Pour l'orata alla pugliese, achetez une dorade d'environ 1 kilogramme. Lavez-la, salez-la et poivrez-la, puis arrosez-la de 2 cuillerées à soupe de jus de citron. Épluchez 500 grammes de n'importe quelle variété de pommes de terre et émincez-les en fines rondelles à l'aide d'un épluche-légumes. Hachez très finement 1 peperoncino, 1 bouquet de persil et 2 gousses d'ail pelées, puis mélangez-les ensemble. Badigeonnez d'huile d'olive un plat à four suffisamment grand pour contenir le poisson, puis tapissez ce plat d'un lit de rondelles de pommes de terre. Salez, poivrez et couvrez du poisson et du reste des pommes de terre. Parsemez du mélange au persil et arrosez de 5 cuillerées à soupe d'huile d'olive. Faites cuire environ 50 minutes au four à 180 °C (chaleur tournante : 160 °C).

Trote al vino bianco
Truites au vin blanc

Un plat simple, rapide et bon

Pour 4 personnes

4 truites (de 300 g environ chacune)

1/2 citron non traité

Sel, poivre noir du moulin

1 carotte, 1 branche de céleri

2 ou 3 gousses d'ail

1/2 bouquet de persil

Quelques brins de romarin, de thym et de marjolaine frais

3 à 5 cuillerées à soupe d'huile d'olive

50 à 75 cl de vin blanc sec

1 Lavez les truites sous l'eau courante, froide ou tiède, pour éliminer la substance visqueuse qui les recouvre. Essuyez-les à l'aide de papier absorbant, surtout l'extérieur.

2 Lavez le demi-citron et essuyez-le. Coupez finement son zeste et exprimez son jus. Mélangez zeste et jus du citron avec du sel et du poivre et frottez-en les poissons, en insistant sur l'intérieur.

3 Pelez la carotte. Lavez le céleri et coupez la base de sa tige : si des fils viennent avec le couteau, ôtez-les. Coupez l'extrémité supérieure du céleri si elle est flétrie. Coupez la carotte et le céleri en lanières, puis en dés.

4 Pelez l'ail et coupez-le très finement. Lavez et essuyez les herbes. Effeuillez-les, puis ciselez les feuilles.

5 Si vous possédez une grande poêle pouvant contenir les 4 truites, c'est parfait. Sinon, prenez deux petites poêles : il vous faudra un peu plus d'huile et de vin.

6 Faites chauffer de l'huile dans la poêle. Mélangez l'ail avec la carotte, le céleri et les herbes et faites-les revenir dans l'huile. Placez les truites dans la poêle et faites-les dorer de chaque côté.

7 Versez le vin (si vous avez pris deux poêles, il vous faudra une bouteille entière). Pour que la sauce réduise, ne couvrez pas et faites cuire 15 minutes sur feu moyen à vif, en retournant les poissons une fois : afin qu'ils ne se défassent pas, soulevez chaque poisson à l'aide d'une spatule, puis posez sur lui une grande cuillère et retournez-le. Salez et poivrez en fin de cuisson : si vous salez au début, le phénomène de réduction rendra la sauce bien trop salée. Apportez les truites à table : chaque convive préparera lui-même son poisson dans l'assiette.

Préparation et cuisson : 40 minutes, dont 25 minutes de travail effectif
Servir avec du pain blanc frais, des épinards et le même vin que celui de la sauce
Calories par part : 420

Pesce con olive e capperi
Poisson aux olives et aux câpres

Plus rapide à préparer que la table à dresser

Pour 4 impatients

1 cuillerée à soupe de jus de citron

4 filets de poisson (cabillaud, saumon, lotte, espadon ou un autre poisson d'eau de mer. Chaque filet doit peser environ 180 g)

Sel, poivre noir du moulin

10 tomates séchées à l'huile

10 olives noires

1 cuillerée à soupe de câpres

2 gousses d'ail

1/2 bouquet de persil

3 cuillerées à soupe d'huile d'olive

1 Arrosez les filets de poisson du jus de citron. Salez-les et poivrez-les sur les deux faces.

2 Égouttez les tomates et coupez-les finement. Dénoyautez les olives et coupez-les également. Hachez grossièrement les câpres et l'ail. Lavez et essuyez le persil. Effeuillez-le et ciselez finement ses feuilles. Mélangez les tomates avec les olives, les câpres, l'ail et le persil, et roulez les filets de poisson dans ce mélange.

3 Posez une grande poêle sur le feu. Versez-y l'huile et faites-la chauffer. Placez les filets dans la poêle et faites-les revenir 1 à 2 minutes de chaque côté. Ajoutez le reste du mélange au persil dans la poêle, remuez et c'est prêt.

Préparation et cuisson : 15 minutes
Servir avec une salade mixte ou des épinards au citron (voir page 109) et du pain blanc croustillant
Calories par part : 230

Seppie in umido
Ragoût d'encornets

Une touche de cannelle, buonissimo !

Pour 4 personnes patientes

800 g d'encornets (nettoyés et vidés par le poissonnier)

2 piments rouges frais

4 gousses d'ail

1 oignon

1 gros bouquet de basilic

4 cuillerées à soupe d'huile d'olive

1 petite boîte de tomates pelées (400 g)

10 cl de vin rouge sec ou de fumet de poisson

Sel, poivre

1 pincée de cannelle en poudre

1 Rincez les encornets sous l'eau froide et essuyez-les. S'ils sont petits, laissez-les entiers. S'ils sont gros, coupez-les en morceaux ou en anneaux. Chaque morceau doit être équivalent à une bouchée.

2 Lavez les piments sous l'eau froide et ôtez-en le pédoncule. Coupez chaque piment en deux. Si vous souhaitez que le plat ne soit pas trop relevé, éliminez des piments graines et filaments blancs, puis hachez très finement leur pulpe. Dans le cas contraire, coupez-les simplement en petits morceaux. Dans les deux cas, lavez-vous bien les mains. Pelez l'ail et l'oignon et coupez-les finement. Lavez et essuyez le basilic. Effeuillez-le, réservez quelques feuilles pour la décoration et hachez finement le reste.

3 Faites chauffer l'huile, puis faites-y revenir les piments, l'ail, l'oignon et le basilic haché. Ajoutez les encornets et faites-les revenir brièvement.

4 Coupez en dés les tomates, puis ajoutez-les aux encornets avec le vin. Salez, poivrez et incorporez une petite pincée de cannelle. Réduisez le feu et couvrez. Laissez mijoter le ragoût environ 1 heure sur feu doux, jusqu'à ce que les encornets soient tendres. Pour vérifier la cuisson, goûtez un morceau. Rectifiez l'assaisonnement en sel, en poivre et en cannelle. Décorez des feuilles de basilic réservées et servez.

Préparation et cuisson : 1 h 15, dont 15 minutes de travail effectif
Servir avec du pain blanc croustillant et un vin rouge s'accordant avec le piment
Calories par part : 270

Pesce con salsa di rucola
Poisson en sauce à la roquette

Léger, frais, délicieux

Pour 4 amateurs de roquette

1 botte de ciboules

2 poignées de roquette

2 gousses d'ail

700 à 800 g de filets ou de tranches de poisson (rascasse, flétan, espadon...)

Sel, poivre noir du moulin

2 cuillerées à soupe d'huile

1 cuillerée à soupe de beurre

2 cuillerées à soupe de pignons de pin

5 cuillerées à soupe de fumet de poisson (ou d'eau)

100 g de tomates-cerises

1 cuillerée à soupe de jus de citron

1 Ôtez les racines des bulbes de ciboule. Éliminez la partie supérieure flétrie. Lavez le reste et coupez-le en fines rondelles. Ôtez de la roquette les queues épaisses et les feuilles flétries. Plongez le reste dans l'eau froide et remuez bien. Égouttez la roquette. Réservez quelques feuilles pour la décoration et hachez le reste. Pelez l'ail et coupez-le très finement.

2 Salez et poivrez les filets de poisson sur les deux faces.

3 Préchauffez le four à 70 °C et préparez un plat de service supportant cette température. Posez une grande poêle sur le feu et faites-y chauffer l'huile et le beurre.

4 Rangez les filets de poisson dans la poêle et faites-les revenir sur feu moyen 1 à 2 minutes de chaque côté, selon l'épaisseur. Transférez-les dans le plat de service, couvrez-les et tenez-les au chaud dans le four.

5 Mettez les pignons de pin dans la poêle et faites-les dorer. Ajoutez les ciboules et l'ail et faites-les revenir environ 4 minutes, en remuant fréquemment. Incorporez la roquette hachée et le fumet de poisson et laissez frémir environ 5 minutes.

6 Pendant ce temps, lavez les tomates-cerises et coupez-les en quatre. Réduisez le contenu de la poêle en purée, au mixeur ou au moulin à légumes. Incorporez le jus de citron, salez et poivrez. Nappez les filets de poisson de cette sauce et décorez des tomates et des feuilles de roquette réservées. Servez sans attendre.

Préparation et cuisson : 40 minutes
Servir avec du pain blanc et des pommes de terre au romarin (voir page 110)
Calories par part : 300

Pesce con salsa di zafferano
Poisson à la sauce au poivron et au safran

Jaune, vert et bon

Pour 4 personnes

1 poivron jaune

1 tomate

2 gousses d'ail

1 bouquet de basilic

4 cuillerées à soupe d'huile d'olive

10 cl de fumet de poisson

700 à 800 g de filets de poisson (« noble » comme la sole ou plus modeste comme le cabillaud)

Sel, poivre noir du moulin

1 dose de safran (en poudre ou en filaments)

2 cuillerées à café de jus de citron

1 Lavez le poivron, coupez-le en deux et ôtez son pédoncule. Éliminez-en les graines et les filaments blancs, puis coupez la pulpe en dés. Lavez la tomate et coupez-la également en dés. Pelez l'ail et émincez-le très finement. Lavez le basilic, effeuillez-le et réservez les feuilles. Hachez grossièrement les tiges.

2 Faites chauffer 2 cuillerées à soupe d'huile dans une casserole et faites-y revenir le poivron, les tiges de basilic et l'ail. Ajoutez la tomate et le fumet de poisson et laissez frémir environ 10 minutes sur feu moyen, sans couvrir. Les dés de poivron doivent être bien tendres.

3 Pendant ce temps, posez les filets de poisson sur une planche de bois. Salez-les et poivrez-les sur les deux faces.

4 Lorsque les dés de poivron sont cuits, réduisez-les en purée avec leur sauce, au mixeur ou au moulin à légumes. Diluez le safran dans un peu d'eau, puis incorporez-le à la sauce. Salez, poivrez et ajoutez le jus de citron.

5 Faites chauffer une grande poêle et versez-y le reste de l'huile. Placez les filets de poisson dans la poêle et faites-les revenir 1 minute. Retournez-les à l'aide d'une spatule et faites cuire l'autre face 1 minute.

6 Coupez les feuilles de basilic en lanières et incorporez-les à la sauce. Servez les filets de poisson dans les assiettes – préchauffées si possible – et nappez-les de la sauce. Apportez à table.

Préparation et cuisson : 35 minutes
Servir avec du pain blanc croustillant et des épinards au beurre et à l'ail
Calories par part : 260

Pesce alla siciliana

Poisson en sauce à l'orange et au citron

Une saveur tout acidulée

Cette sauce aromatique et puissante s'accorde parfaitement avec un poisson à la saveur prononcée. Pourquoi pas du thon frais, par exemple ?

Pour 4 amoureux de la Sicile
2 oranges non traitées
1 citron 1/2 non traité
4 steaks de thon frais (d'environ 180 g chacun, mais du flétan et du cabillaud conviennent)
Sel, poivre noir du moulin
2 cuillerées à soupe d'huile d'olive
10 cl de marsala sec (ou de vin blanc)
3 cuillerées à soupe de beurre froid

1 Brossez les oranges et les citrons sous l'eau chaude et essuyez-les. Prélevez très finement le zeste d'une orange et des citrons, en omettant la membrane blanche amère. Hachez très finement les zestes. Pressez l'orange et les citrons.

2 Salez et poivrez abondamment les steaks de thon. Préchauffez le four à 70 °C et mettez-y un plat de service ou une grande assiette supportant cette température.

3 Faites chauffer l'huile dans une grande poêle. Placez les steaks dans la poêle et faites-les revenir environ 3 minutes sur feu moyen. Retournez-les et faites-les cuire 3 minutes de plus. Ôtez-les de la poêle et mettez-les sur le plat dans le four.

4 Versez les jus d'orange et de citron et le marsala dans la poêle. Augmentez le feu et faites réduire légèrement la sauce. Plus vous remuerez vigoureusement, plus cela ira vite. Coupez le beurre en morceaux et incorporez-le à la sauce en battant au fouet. Le beurre va lier la sauce. Incorporez le zeste d'orange et de citron, puis salez et poivrez. Nappez le poisson de la sauce et servez très chaud, sans attendre.

Préparation et cuisson : 30 minutes
Servir avec du pain blanc frais, une caponata (voir page 109) et un vin blanc
Calories par part : 580

Fritto misto
Friture de fruits de mer

Simplement roulée dans la farine, sans pâte à beignets

Agrémentée de légumes également frits

Pour 6 personnes, en plat unique

- 300 g de petits encornets, avec leurs tentacules
- Sel
- 300 g de crevettes crues décortiquées
- 500 g de sardines fraîches
- 500 g d'autres petits poissons (rougets ou petits filets)
- 6 oignons jeunes (ou ciboules)
- 6 cœurs d'artichauts en bocal ou 6 petits artichauts frais
- 3 branches de céleri ou de cardon (plante potagère de la famille de l'artichaut)
- Poivre noir du moulin
- 4 à 6 cuillerées à soupe de farine
- 1 l d'huile d'olive (pas nécessairement la meilleure)
- 3 citrons

1 Lavez les encornets. Pour qu'ils ne deviennent pas caoutchouteux pendant la friture, il faut d'abord les blanchir brièvement. Pour cela, portez de l'eau salée à ébullition et plongez-y les encornets. Laissez-les cuire 1/2 minute, puis transférez-les dans une passoire, rafraîchissez-les sous l'eau froide et laissez-les égoutter.

2 Lavez les crevettes et les autres poissons. Laissez la tête et les nageoires des sardines et des autres petits poissons. Le cas échéant, écaillez les gros poissons : tenez-les la tête en bas sous l'eau froide courante et grattez-en les écailles du haut vers le bas à l'aide d'un couteau. Attention à ne pas abîmer la peau.

3 Pelez les oignons. Égouttez les cœurs d'artichaut en bocal. Si vous avez choisi des artichauts frais, préparez-les comme indiqué à la page 111. Lavez le céleri ou les cardons, puis tranchez leurs extrémités et coupez leurs tiges en tronçons d'environ 4 centimètres de longueur.

4 Salez et poivrez tous les poissons et les légumes. Mettez la farine dans une assiette creuse et roulez-y les poissons à l'aide de deux fourchettes : ils doivent être bien enrobés. Farinez les légumes de la même façon.

5 Mettez une grande cocotte sur le feu, versez-y l'huile et faites-la chauffer. Préchauffez le four à 70 °C et mettez-y un plat de service tapissé d'une épaisse couche de papier absorbant.

6 Glissez dans l'huile autant de poissons et de légumes que possible sans qu'ils se chevauchent. Le temps de cuisson des encornets et des crevettes est de 2 à 3 minutes ; celui des sardines d'environ 3 minutes ; celui des gros rougets 4 minutes et celui des filets environ 5 minutes. Faites frire les légumes jusqu'à ce qu'ils soient dorés. Lorsqu'une fournée est cuite, ôtez-la de l'huile à l'aide d'une écumoire, secouez avec précaution pour l'égoutter, et transférez-la dans le plat attendant dans le four. Lorsque tous les ingrédients sont cuits, coupez les citrons en huit et servez.

Préparation et cuisson : 1 h 10 à 1 h 30
Servir avec du pain blanc croustillant et un vin blanc sec
Calories par part : 490

Notre conseil

La cuisson en pleine friture est très simple à condition que l'huile soit bien chaude. Sinon, les ingrédients ne seront pas cuits et seront complètement imprégnés d'huile. Pour savoir si l'huile est suffisamment chaude, plongez-y le manche d'une cuillère en bois. Si une grande quantité de petites bulles remontent à la surface, la température est bonne. Si les bulles sont peu nombreuses, il est encore trop tôt. Vous pouvez également plonger un cube de pain dans l'huile. S'il est doré en 1 minute, vous pouvez frire les aliments.

Carne

Et Dieu reste muet face à tant d'imagination!

Mamma mia !

[Viandes]

Et Dieu créa l'Italie. Avec un doigté aussi élégant que nonchalant. Il fit surgir les Apennins de la Méditerranée, souligna les contours de certaines plages et sema quelques villes qui commencèrent aussitôt à s'étendre. Et sur l'espace restant, il créa des terrains de football.

Mais à peine conçus, les Italiens se rebiffèrent : « Hé ! Qu'allons-nous manger ? » Dieu haussa les épaules et jeta un arc-en-ciel de poissons dans la mer, fit pousser du blé dur, du bois de chauffage pour les fours à pizza, et envoya Christophe Colomb chercher des tomates en Amérique. « Mamma mia ! se lamentèrent les Italiens... et la viande ? » Dieu fit alors tomber une pluie de bétail et de volailles. « Piano ! protestèrent les Italiens, nous n'avons pas assez de place ! » Mais Dieu se mit en colère : « Débrouillez-vous, maintenant. Je vous regarde faire. »

Depuis lors, les Italiens se nourrissent d'animaux qui n'ont pas encore grandi (comme le veau et l'agneau) ou de ceux qui demeurent petits (comme le poulet et le lapin). En fait, ils ne laissent grossir que le porc. Mais c'est pour mieux le suspendre ensuite sous forme de saucisson ou de jambon. Il y a suffisamment de place pour cela. Et Dieu ? Il reste muet face à tant d'imagination.

La recette n° 6 de tante Lucia

Poulet truffé sans truffes...

Parlons un peu de Jacques, ce jeune paysan qui quitta un beau jour sa Dordogne natale pour découvrir Turin, au fin fond du Piémont. Il décida alors de s'y installer et ralluma les fours d'une ancienne trattoria. Aujourd'hui encore, il y régale ses hôtes transalpins avec des spécialités dont il a le secret. J'aime surtout sa recette grandiose de poulet truffé. La voici : pour 2 personnes, pelez une gousse d'ail, hachez-la, poudrez-la de sel et écrasez-la à l'aide du manche d'un couteau. Mélangez l'ail avec une cuillerée à soupe de persil haché et 4 cuillerées à soupe de beurre ramolli. Vous obtenez alors une persillade. Nettoyez 6 champignons de Paris à l'aide d'un linge. Séparez les pieds des chapeaux, hachez finement les pieds et incorporez-les à la persillade. Émincez ensuite les chapeaux en fines lamelles. Enduisez un plat à gratin d'une cuillerée à café de persillade et recouvrez des lamelles de champignons. Glissez le reste de la persillade entre la peau et la chair de 4 blancs de poulet. Placez les blancs de poulet sur les champignons et faites cuire 15 minutes au four à 200 °C. À mi-cuisson, versez un petit verre de crème liquide sur les champignons. Servez avec de la polenta.

5 suggestions pour accommoder les restes

La viande

Les spaghetti étaient si délicieux que personne n'avait plus faim lorsque le plat de viande est arrivé sur la table ? Ce n'est pas grave. Demain est un autre jour. Sans pâtes, mais avec des restes. Comme, par exemple :

Lanières de veau en sauce

Coupez des légumes (courgettes, champignons ou poireaux). Faites-les sauter dans de l'huile, puis ajoutez un liquide (sauce tomate, crème, vin, etc.). Portez à ébullition. Coupez les restes d'escalope en lanières. Salez et poivrez la sauce, ajoutez-y du citron et des herbes à volonté, puis réchauffez-y la viande, sans la laisser cuire.

Gratin de côtes ou d'escalopes de veau

Rangez dans un plat à gratin les côtes ou les escalopes de la veille. Saupoudrez de parmesan. Couvrez chaque morceau de viande d'une tranche de jambon de Parme, de 2 rondelles de tomate, de basilic et de lamelles de mozzarella. Versez à nouveau du parmesan. Répartissez des copeaux de beurre et faites cuire 10 à 12 minutes au four, à 180 °C.

Rôti pané

Enduisez des tranches de rôti de pesto ou de moutarde. Roulez-les successivement dans de la farine, de l'œuf et un mélange de chapelure, de parmesan et d'herbes hachées. Faites revenir les tranches dans un mélange de beurre et d'huile.

Soufflé de ragoût

Mélangez un reste de ragoût (1/2 litre) avec 1 ou 2 œufs, 2 cuillerées à soupe de farine, 2 cuillerées à soupe de mascarpone et une cuillerée à café de jus de citron. Vous pouvez ajouter des herbes ou des restes de légumes. Versez la préparation dans un plat à gratin et faites cuire 20 minutes au four à 200 °C, jusqu'à ce que le soufflé soit bien gonflé.

Salade au poulet

Coupez en dés du poulet sans peau (ou de l'escalope, ou du rôti) et mélangez-les à un reste de pâtes. Incorporez des tomates-cerises coupées en quatre, du basilic et des dés de mozzarella. Ajoutez du jus de citron ou du vinaigre et de l'huile d'olive, et assaisonnez bien. Vous pouvez aussi ajouter des olives, des anchois ou des câpres.

Notre pièce de viande préférée

L'escalope

C'est

• une fine tranche de viande tendre et maigre
• le plus souvent, de la noix de veau, ou du quasi
• aussi du porc (di maiale) ou du poulet (di pollo)
• une pièce nommée de différentes façons en Italie. Préparée avec du marsala et du citron, elle prend le nom de piccata. Elle est parfois appelée cotoletta ou cotolettina, à ne pas confondre avec la côtelette, costoletta

Elle doit

• être émincée très finement (5 millimètres d'épaisseur) plutôt qu'aplatie au battoir ; la découpe est plus facile après avoir laissé la viande au congélateur pendant 1 heure
• être marinée pour certaines recettes, dans du vin ou du jus de citron, avec de l'ail ou des herbes
• être saisie rapidement dans du beurre, de l'huile, ou un mélange des deux
• le cas échéant, être roulée dans la farine, surtout si l'on souhaite lier la sauce

Elle aime

• balsamico, vin blanc, citron, marsala, crème, sauce tomate
• basilic, origan, persil, sauge, thym
• ail, muscade, paprika, cannelle
• anchois, câpres, jambon, lard
• mozzarella, parmesan, fromage fondu
• brocolis, petits pois, carottes, champignons, épinards, courgettes
• pain, pommes de terre, riz

Où est donc la sauce ?

Ceux qui aiment la viande en sauce risquent d'être déçus par la cuisine italienne. En effet, le moins que l'on puisse dire est que la sauce y est toujours « ristretta » (réduite… à sa plus simple expression).

Les escalopes sont généralement servies avec leurs seuls sucs de cuisson qui, au mieux, ont été déglacés au vin, au citron ou à la crème. Il arrive que le chef allonge un peu les sucs de cuisson des rôtis et des ragoûts, mais jamais il n'aura la patience d'un saucier français qui consacre des heures à élaborer sa préparation.

Il en va tout autrement lorsque la sauce est destinée à accompagner des pâtes. Une sauce bolonaise, par exemple, pourra mijoter une demi-journée. La sauce tomate sera toujours authentique : les tomates seront blanchies, rafraîchies puis pelées. Quant au pesto, il sera longuement pilé au mortier. Si vous êtes un grand amateur de sauces, n'hésitez pas à accompagner vos viandes d'une sauce pour pâtes.

Les Napolitains, qui se sont fait une grande réputation hors d'Italie (voir « La saga de la pizza », page 81), ont remédié à la question en créant la costoletta alla pizzaiola (voir page 134).

Scaloppine al limone

Escalopes de veau à la sauce au citron

Un incontournable authentique

Pour 4 amateurs de grands classiques

4 fines escalopes de veau (environ 150 g chacune)

Sel, poivre noir du moulin

2 cuillerées à soupe de farine

2 cuillerées à soupe de beurre

2 cuillerées à soupe d'huile d'olive

6 cuillerées à soupe de jus de citron

1 Préchauffez le four à 70 °C et mettez-y un plat de service ou une grande assiette supportant cette température : il vous faudra tenir les escalopes au chaud pendant que vous achèverez la sauce.

2 Coupez les escalopes en deux et aplatissez-les légèrement avec la paume de la main. Salez-les et poivrez-les sur les deux faces. Mettez la farine dans une assiette creuse et roulez-y les escalopes. Secouez-les pour ôter l'excédent de farine.

3 Posez une grande poêle sur le feu, mettez-y une cuillerée à soupe de beurre et l'huile et faites-les chauffer. Placez les escalopes dans la poêle et faites-les cuire 1 minute de chaque côté. Tenez-les au chaud dans le four.

4 Versez le jus de citron et une cuillerée à soupe d'eau dans la poêle, et déglacez les sucs de cuisson à l'aide d'une cuillère en bois. Coupez en dés le reste du beurre et incorporez-les. Salez et poivrez la sauce, puis nappez-en les escalopes et servez.

Préparation et cuisson : 30 minutes
Servir avec des épinards ou une salade et du pain blanc frais
Calories par part : 250

Saltimbocca
Escalopes de veau au jambon

Un régal !

Pour 4 amateurs d'expériences

8 petites escalopes de veau fines (environ 80 g chacune)

1 jeune courgette tendre

4 tranches de jambon cru

16 feuilles de sauge fraîche

4 cuillerées à soupe de beurre

6 cuillerées à soupe de vin blanc sec

Sel, poivre noir du moulin

1 Préchauffez le four à 70 °C. Aplatissez les escalopes avec la paume de la main.

2 Lavez la courgette, coupez-en les extrémités et émincez-la en fines lamelles dans la longueur. Coupez ces lamelles à la longueur des escalopes. Coupez les tranches de jambon en deux.

3 Couvrez chaque escalope d'une lamelle de courgette, puis d'une demi-tranche de jambon. Posez sur le tout 2 feuilles de sauge et maintenez l'ensemble à l'aide d'une pique à cocktail.

4 Posez une grande poêle sur le feu. Faites-y fondre 2 cuillerées à soupe de beurre, sans le laisser se colorer. Placez 4 escalopes dans la poêle, face garnie en dessous, et faites-les cuire 2 minutes sur feu moyen. Retournez-les et faites-les cuire 1 minute de plus. Dressez les escalopes sur un plat de service, puis glissez celui-ci dans le four. Faites cuire les autres escalopes de la même façon.

5 Versez le vin dans la poêle et portez à ébullition en remuant. Salez et poivrez la sauce. Nappez-en les escalopes et servez sans attendre.

Préparation et cuisson : 20 minutes
Servir avec du pain blanc croustillant
Calories par part : 260

Variantes :

Scaloppine al marsala
Remplacez le jus de citron par 7,5 cl de marsala sec.

Scaloppine al vino bianco
Remplacez le jus de citron par 10 centilitres de vin blanc sec.

Scaloppine al radicchio
Après la cuisson des escalopes, faites fondre 2 à 3 minutes dans la poêle 100 grammes de trévise coupée en lanières. Mouillez avec du vin blanc et ajoutez du jus de citron.

Costolette alla milanese

Côtes de veau panées

Un plat du dimanche chez les mammas

Qu'y a-t-il eu en premier ? L'escalope panée ou la côtelette alla milanese ? Si vous le savez, peut-être pourrez-vous nous dire quelle est la meilleure des deux ?

Pour 4 personnes, en secondo

4 côtes de veau pas trop épaisses (environ 150 g chacune)

1 échalote

1/2 bouquet de persil

1/2 bouquet de basilic

Un peu de thym frais

2 cuillerées à soupe de beurre

8 cuillerées à soupe de vinaigre blanc (de préférence du balsamico bianco)

1 feuille de laurier

Sel, poivre noir du moulin

2 œufs

3 cuillerées à soupe de farine

120 g de chapelure

4 cuillerées à soupe d'huile d'olive

1 gros citron

1 Essuyez les côtes de veau et disposez-les côte à côte dans un plat à four. Pelez l'échalote et émincez-la très finement. Lavez et essuyez les herbes. Effeuillez le persil, le basilic et le thym. Coupez très finement les feuilles.

2 Posez une casserole sur le feu et faites-y fondre une cuillerée à soupe de beurre. Ajoutez l'échalote et faites-la fondre quelques minutes sur feu moyen, en remuant. Ajoutez les herbes, le vinaigre et la feuille de laurier. Salez, poivrez et nappez les côtes de veau de ce mélange. Laissez reposer au moins 1 heure.

3 Égouttez les côtes de veau en ôtant le moins d'herbes possible. Salez-les et poivrez-les sur les deux faces. Cassez les œufs dans une assiette creuse et mélangez-en bien les jaunes et les blancs à l'aide d'une fourchette. Mettez la farine dans une seconde assiette creuse et la chapelure dans une troisième.

4 Roulez les côtes dans la farine, puis dans l'œuf, et enfin dans la chapelure. Elles doivent être enrobées d'une bonne couche de panure. Rangez-les sur une planche.

5 Faites chauffer le reste du beurre et l'huile dans une grande poêle. Ajoutez les côtes et faites-les cuire 8 minutes de chaque côté sur feu moyen.

6 Coupez le citron en quatre. Dressez les côtes de veau sur les assiettes et arrosez-les de sucs de cuisson. Ajoutez un quartier de citron sur chaque assiette et servez.

Préparation et cuisson : 1 h 30, dont 40 minutes de travail effectif
Servir avec des pommes de terre au romarin (voir page 110)
Calories par part : 480

Costolette alla pizzaiola

Côtes de porc à la sauce tomate

Du porc, cette fois

Elles sont dites « à la pizzaiola » car la femme qui élabore les pizzas ne peut rien faire sans tomates.

Pour 4 personnes, en plat unique

4 côtes de porc fines (ou des escalopes)

Sel, poivre noir du moulin

1/2 bouquet de marjolaine ou d'origan frais

4 gousses d'ail

1 petite boîte de tomates pelées (400 g)

3 cuillerées à soupe d'huile d'olive

1/8 de litre de vin rouge sec

1 cuillerée à soupe de concentré de tomate

1 cuillerée à soupe de câpres (facultatif)

1 Essuyez les côtes de porc, puis salez-les et poivrez-les des deux côtés. Lavez les herbes, puis séchez-les et effeuillez-les. Laissez les petites feuilles entières et ciselez les grosses. Pelez l'ail et coupez-le en deux. Émincez-le en fines rondelles. Coupez les tomates en petits morceaux.

2 Faites chauffer 2 cuillerées à soupe d'huile dans une poêle, puis faites-y revenir les côtes sur les deux faces, jusqu'à ce qu'elles soient dorées. Ôtez-les alors de la poêle et dressez-les sur une assiette.

3 Versez le reste de l'huile dans la poêle et faites-y revenir brièvement l'ail. Incorporez les herbes, les tomates, le vin et le concentré de tomate. Salez, poivrez, et faites cuire environ 5 minutes sans couvrir, jusqu'à ce que la sauce ait un peu épaissi.

4 Posez les côtes dans la poêle et arrosez-les d'un peu de sauce. Réduisez le feu, couvrez et faites cuire les côtes environ 15 minutes. Le cas échéant, incorporez les câpres à la sauce avant de servir.

Préparation et cuisson : 50 minutes, dont 20 minutes de travail effectif
Servir avec des pommes de terre au romarin (voir page 110)
Calories par part : 310

Involtini di vitello
Paupiettes de veau

Si petites et si bonnes

Pour 4 personnes

50 g d'olives vertes dénoyautées

2 ciboules

2 gousses d'ail

1 petit bouquet de persil

1 peperoncino séché

100 g de pecorino jeune fraîchement râpé

Sel, poivre noir du moulin

8 escalopes de veau fines (80 g chacune)

2 cuillerées à soupe de farine

3 cuillerées à soupe d'huile d'olive

15 cl de vin blanc sec ou de bouillon de bœuf

1/2 citron non traité

1 Coupez les olives très finement. Lavez les ciboules, puis ôtez-en les parties vertes et les racines de la base. Coupez très finement le reste. Pelez l'ail et écrasez-le au presse-ail au-dessus d'une jatte. Lavez et essuyez le persil. Effeuillez-le, réservez quelques feuilles, puis hachez le reste. Pilez le peperoncino au mortier ou effritez-le entre vos doigts avant de vous laver soigneusement les mains.

2 Ajoutez les olives, les ciboules, le persil, le peperoncino et le pecorino à l'ail. Salez, poivrez et mélangez bien.

3 Aplatissez les escalopes avec la paume de la main, puis nappez-les de la pâte au piment en laissant un bord libre. Enfoncez légèrement la pâte. Roulez les escalopes et fixez-les à l'aide d'une pique à cocktail. Salez et poivrez l'extérieur des paupiettes, puis roulez-les dans une assiette creuse où vous aurez préalablement mis de la farine.

4 Faites chauffer l'huile dans une grande poêle. Ajoutez-y les paupiettes et faites-les dorer de toutes parts. Arrosez du vin (ou du bouillon de bœuf). Réduisez le feu, couvrez et faites cuire 10 minutes.

5 Pendant ce temps, lavez et essuyez le demi-citron. Râpez-en finement le zeste et exprimez-en le jus. Coupez très finement le reste du persil. Incorporez le zeste et le persil à la sauce. Salez et poivrez.

Préparation et cuisson : 35 minutes
Servir avec du pain blanc croustillant, un vin blanc sec, une peperonata (voir page 108) ou des champignons braisés (voir page 110)
Calories par part : 380

Salsicce con lenticchie

Saucisses de porc et lentilles au balsamico

Un mets savoureux, relevé et si typiquement italien

Pour 4 personnes, en plat unique

1 carotte

1 branche de céleri

1 botte de ciboules

2 ou 3 gousses d'ail

1 peperoncino séché

1 bouquet de persil

3 cuillerées à soupe d'huile d'olive

400 g de lentilles brunes

25 cl de bouillon + un peu plus pour allonger (le cas échéant)

25 cl de vin rouge sec

1 cuillerée à soupe de concentré de tomate

8 salsicce fraîches (petites saucisses de porc crues fumées, soit environ 700 g, ou d'autres saucisses crues fumées, mais non aromatisées)

Sel, poivre noir du moulin

2 cuillerée à soupe d'aceto balsamico

1 Pelez la carotte. Lavez le céleri et les ciboules, puis ôtez les racines et les parties flétries de celles-ci. Pelez l'ail. Hachez le tout finement, de même que le peperoncino. Lavez le persil, effeuillez-le, et ciselez très finement ses feuilles.

2 Dans une cocotte, faites chauffer 2 cuillerées à soupe d'huile. Faites-y revenir le mélange aux légumes pendant 1 à 2 minutes. Ajoutez les lentilles et versez le bouillon et le vin. Incorporez le concentré de tomates. Réduisez le feu, couvrez, et faites cuire environ 30 minutes sur feu moyen. Vérifiez de temps en temps s'il reste du liquide dans la cocotte. À défaut, ajoutez un peu de bouillon et remuez.

3 Peu avant la fin de la cuisson, faites chauffer le reste de l'huile dans une poêle. Rangez-y les saucisses et faites-les revenir de toutes parts. Assaisonnez les lentilles de sel et de poivre, puis versez le balsamico. Posez les saucisses au-dessus et faites cuire 10 minutes de plus, jusqu'à ce que les lentilles soient tendres. Rectifiez l'assaisonnement en sel, en poivre et en vinaigre.

Préparation et cuisson : 1 heure, dont 30 minutes de travail effectif
Calories par part : 890

Polpettine al vino rosso

Boulettes de viande au vin rouge

Un plat très bon marché

Pour 4 personnes

4 tranches de pain de mie

10 cl de lait

50 g de jambon cru fumé

1 petit bouquet de persil ou de basilic

600 g de viande hachée (si possible, moitié bœuf, moitié veau)

1 cuillerée à soupe de câpres (facultatif)

2 cuillerées à soupe de parmesan fraîchement râpé

Sel, poivre noir du moulin

1 oignon moyen, 1 carotte

1 branche de céleri

2 cuillerées à soupe d'huile d'olive

1 petite boîte de tomates pelées (400 g)

20 cl de vin rouge sec

Environ 10 feuilles de sauge

1 Ôtez la croûte des tranches de pain. Placez la mie dans une assiette creuse et arrosez-la du lait. Ôtez la bordure de gras du jambon et coupez le reste finement. Lavez le persil (ou le basilic) et ciselez finement ses feuilles.

2 Égouttez la mie de pain avec les mains, émiettez-la finement, puis mettez-la dans une jatte avec la viande, le jambon, les herbes, les câpres et le fromage. Salez, poivrez et pétrissez bien le tout jusqu'à ce que la pâte soit homogène. Prélevez des portions de pâte de la taille d'une balle de ping-pong et formez des boulettes.

3 Pelez l'oignon et coupez-le très finement. Pelez la carotte, lavez le céleri et coupez le tout en petits dés. Faites chauffer l'huile dans une grande poêle. Ajoutez les légumes et faites-les revenir brièvement, puis poussez-les sur le bord de la poêle. Placez les boulettes dans la poêle et faites-les dorer de toutes parts.

4 Réduisez les tomates en purée avec le vin rouge (au mixeur ou au moulin à légumes). Mettez la purée dans la poêle. Ajoutez la sauge, réduisez le feu, couvrez et laissez mijoter environ 30 minutes. Salez et poivrez la sauce, puis apportez la poêle à table.

Préparation et cuisson : 1 bonne heure, dont 35 minutes de travail effectif
Servir avec de la polenta ou un risotto alla milanese (page 82)
Calories par part : 600

Arista
Rôti de porc

Toutes les saveurs de la Toscane

Pour 6 personnes

6 brins de romarin frais

1 gros citron non traité

4 gousses d'ail

1 ou 2 cuillerées à café de graines de fenouil

Sel, poivre noir du moulin

Noix de muscade fraîchement râpée

4 cuillerées à soupe d'huile d'olive

1,2 kg de rôti de porc (maigre et désossé, ficelé par le boucher)

25 cl de vin blanc sec

1 Lavez le romarin, puis effeuillez-en 3 brins. Frottez le citron sous l'eau chaude courante, essuyez-le et prélevez finement son zeste. Pelez l'ail.

2 Mettez le romarin, l'ail, le zeste de citron et les graines de fenouil sur une planche de bois, et hachez-les très finement. Mélangez-les dans un bol avec du sel, du poivre, de la muscade et 2 cuillerées à soupe d'huile. Essuyez la viande et frottez-la de toutes parts avec ce mélange. Laissez mariner le rôti pendant quelques heures dans un endroit frais, ou poursuivez la recette sans attendre.

3 Préchauffez le four à 180 °C (chaleur tournante : 160 °C sans préchauffage). Préparez une grande cocotte, de préférence en fonte.

4 Posez la cocotte sur le feu, versez-y le reste de l'huile, et faites-y revenir le rôti de toutes parts. Lorsqu'il est bien saisi, ajoutez les brins de romarin entiers et glissez le plat dans la partie inférieure du four. Faites cuire le rôti 45 minutes, puis arrosez-le du vin. Faites cuire 1 h 45 de plus, en arrosant régulièrement le rôti de son jus et en le retournant plusieurs fois. Laissez-le reposer 10 minutes avant de le découper.

Préparation et cuisson : 2 h 30, dont 15 minutes de travail effectif
Servir avec des pommes de terre au romarin (voir page 110)
Calories par part : 615

Brasato al vino rosso

Rôti de bœuf au vin rouge

30 minutes seulement de travail effectif !

Pour 6 amateurs de sauce

1,2 kg de rôti de bœuf (gîte à la noix ou tranche)

Sel, poivre noir du moulin

2 carottes

2 branches de céleri

1 oignon

3 gousses d'ail

Quelques brins de romarin frais

1 bouquet de basilic

4 tomates

2 cuillerées à soupe de beurre

2 cuillerées à soupe d'huile d'olive

37,5 cl de bon vin rouge

12,5 cl de bouillon de bœuf

2 clous de girofle, 1 bâton de cannelle

1 feuille de laurier

1 ou 2 cuillerées à soupe de miel

1 Rincez le rôti de bœuf à l'eau courante froide, puis essuyez-le à l'aide de papier absorbant. Mélangez le sel et le poivre dans une coupelle et enduisez le rôti de ce mélange en le faisant bien pénétrer.

2 Pelez les carottes et coupez-en la base. Lavez le céleri et ôtez-en les gros fils. Coupez les extrémités flétries en laissant la verdure. Coupez les carottes et le céleri en lanières, puis en dés. Pelez l'oignon et l'ail et coupez-les très finement. Lavez le romarin et ciselez-en les feuilles. Réservez les feuilles tendres du basilic pour la décoration et coupez grossièrement le reste.

3 Lavez les tomates et coupez-les en dés. Il n'est pas nécessaire de les peler car la sauce sera tamisée ultérieurement.

4 Prenez une grande cocotte, de préférence en fonte, et faites-y fondre le beurre avec l'huile. Ajoutez le rôti et faites-le saisir de toutes parts.

5 Ôtez le rôti de la cocotte, sauf si cette dernière est suffisamment grande pour contenir les légumes et le liquide. Ajoutez les légumes, l'oignon, l'ail et les herbes et faites-les revenir brièvement. Incorporez les tomates, le vin, le bouillon, les clous de girofle, la cannelle et le laurier. Salez et poivrez la sauce. Si vous avez ôté le rôti, remettez-le dans la cocotte.

6 Couvrez la cocotte et faites cuire environ 3 heures sur feu très doux. Le liquide doit frémir mais pas bouillir, de façon que la viande soit bien tendre. De temps en temps, ôtez le couvercle pour vérifier si le liquide frémit.

7 Après 3 heures de cuisson, ôtez le rôti et laissez-le reposer 10 minutes avant de le découper. Tamisez la sauce (les paresseux peuvent s'en abstenir) et remettez-la dans la cocotte. Augmentez le feu et faites réduire la sauce. Salez, poivrez et ajoutez le miel. Découpez le rôti en tranches et remettez celles-ci dans la sauce. Parsemez des feuilles tendres du basilic, puis apportez la cocotte à table.

Préparation et cuisson : 3 h 30, dont 30 minutes de travail effectif
Servir avec des pommes de terre au romarin (voir page 110), du pain blanc croustillant et le même vin rouge que celui de la sauce
Calories par part : 425

Osso buco
Rouelles de jarret de veau braisées

Inégalable !

Pour 4 amateurs de mets classiques

Pour la viande et la sauce :

4 rouelles de jarret de veau (environ 200 g chacune, avec moelle)
3 carottes
2 oignons
3 gousses d'ail
3 branches de céleri
1 bouquet de persil
2 cuillerées à soupe de beurre
1 cuillerée à soupe d'huile d'olive
Sel, poivre noir du moulin
1 petite boîte de tomates pelées (400 g)
25 cl environ de bouillon de bœuf

Pour la gremolata :

1 citron non traité
1 gros bouquet de persil
2 gousses d'ail

1 Rincez rapidement les rouelles à l'eau courante froide pour en ôter les éventuels éclats d'os. Essuyez-les bien à l'aide de papier absorbant.

2 Pelez les carottes, les oignons et l'ail. Lavez le céleri. Coupez finement le tout. Lavez le persil, essuyez-le et hachez-en les feuilles.

3 Posez une grosse cocotte sur le feu, mettez-y le beurre et l'huile et faites-les chauffer. Puis faites-y revenir les rouelles jusqu'à ce qu'elles soient bien saisies, de façon que les pores soient fermés. Retournez les rouelles à l'aide d'une spatule et faites saisir l'autre face, puis ôtez-les de la cocotte, salez-les et poivrez-les.

4 Mettez les légumes et le persil dans la cocotte et faites-les revenir brièvement. Coupez les tomates en petits morceaux et ajoutez-les dans la cocotte avec le bouillon. Salez et poivrez. Laissez frémir 20 à 30 minutes sur feu moyen.

5 Remettez les rouelles dans la cocotte, si possible côte à côte. Arrosez-les d'un peu de liquide de cuisson. Couvrez et faites cuire environ 1 heure 1/2 sur feu doux.

6 Pendant ce temps, préparez la gremolata. Pour cela, brossez le citron sous l'eau courante chaude, essuyez-le et prélevez-en finement le zeste en omettant la membrane blanche amère. Lavez et effeuillez le persil. Pelez l'ail. Mélangez le zeste, le persil et l'ail sur une planche de bois et hachez finement le tout à l'aide d'un grand couteau ou d'un hachoir. Mettez le mélange dans un bol et posez celui-ci sur la table afin que chaque convive puisse parsemer de gremolata son osso buco.

Préparation et cuisson : 2 h 30, dont 30 minutes environ de travail effectif
Servir avec des tranches de polenta gratinées (préparez les tranches de polenta selon la recette de la page 89, puis faites-les rissoler à la poêle, dans de l'huile et du beurre, au lieu de les faire gratiner au four) et simplement du pain blanc frais
Calories par part : 310

Bollito misto
Pot-au-feu

Peu de travail pour beaucoup de saveur

Pour réaliser ce plat, il suffit de disposer d'une grande cocotte, de plusieurs morceaux de viande et de quelques légumes. Vous pouvez remplacer la moutarde aux fruits par la sauce verte de la page 41 (en doublant les quantités).

Pour 8 personnes, en plat unique

1 morceau de bœuf à braiser (environ 800 g)
1 morceau de veau à braiser (environ 500 g)
1 petit poulet (environ 1 kg)
2 cuisses de lapin
4 ou 5 salsicce fraîches (ou toute autre sorte de saucisse crue fumée)
1 oignon
2 gousses d'ail
1/2 bouquet de marjolaine fraîche
2 ou 3 feuilles de laurier (fraîches, de préférence)
1 cuillerée à café de baies de genièvre
1 cuillerée à café de clous de girofle
1 cuillerée à café de poivre en grains, sel
4 carottes
4 branches de céleri

Pour la moutarde aux fruits :

1 grosse pomme
1 grosse poire
1 citron non traité
1 orange non traitée
25 cl de jus de raisin blanc
25 cl de vin blanc sec
5 cuillerées à soupe de vin santo (si vous en avez)
2 cuillerées à soupe de moutarde forte ou
25 g de moutarde jaune en poudre
Sel, poivre noir du moulin
1 pincée de cannelle

1 Rincez toutes les viandes, sauf les saucisses, à l'eau courante froide.

2 Posez une grande cocotte sur le feu, mettez-y la viande de bœuf, arrosez de 4 litres d'eau, puis faites chauffer lentement. Juste avant que soit atteint le point d'ébullition, réduisez le feu. Pelez l'oignon et l'ail et coupez-les en deux. Lavez et essuyez la marjolaine. Mettez l'oignon, l'ail, la marjolaine, le laurier, les baies de genièvre, les clous de girofle, les grains de poivre et du sel dans la cocotte.

3 Couvrez la cocotte à demi de façon à empêcher le liquide de bouillir sans toutefois qu'il refroidisse. Faites cuire ainsi le bœuf pendant 1 heure.

4 Pelez les carottes et coupez-les en deux dans la longueur, puis recoupez les morceaux en deux dans la largeur. Lavez le céleri, ôtez-en les extrémités et coupez le reste en tronçons de 5 à 6 centimètres de longueur.

5 Ajoutez les légumes, le poulet et le veau dans la cocotte et faites cuire 30 minutes de plus. Ajoutez ensuite les cuisses de lapin et les saucisses, et faites cuire 30 minutes supplémentaires.

6 Pendant la cuisson, préparez la moutarde aux fruits. Pelez la pomme et la poire, coupez-les en quatre et ôtez-en le trognon. Émincez la pulpe en lamelles. Brossez le citron et l'orange sous l'eau courante chaude, puis essuyez-les. Râpez le zeste et exprimez le jus du citron. Réservez l'orange.

7 Mettez les lamelles de fruits, le jus et le zeste de citron, le jus de raisin, le vin et, le cas échéant, le vin santo dans une sauteuse. Faites chauffer, couvrez, et laissez frémir environ 20 minutes sur feu doux, jusqu'à ce que les fruits soient tendres.

8 Ôtez le couvercle et faites cuire 20 minutes de plus. Mixez le tout. Râpez le zeste de l'orange et incorporez-le à la purée de fruits avec la moutarde, du sel, du poivre et la cannelle. Transférez la moutarde aux fruits dans un bol et laissez-la refroidir. Cette sauce peut se préparer la veille.

9 Ôtez la viande de la cocotte, découpez-la en tranches ou en morceaux, et dressez-la sur un plat de service. Arrosez d'un peu de bouillon de cuisson, et servez avec le bol de moutarde aux fruits.

Préparation et cuisson : 2 h 30, dont environ 1 heure de travail effectif
Servir avec du pain blanc croustillant et, le cas échéant, des pommes de terre à l'eau
Calories par part : 580

Coniglio al finocchio
Lapin au fenouil

Ah, le fenouil !

Pour 3 invités et 1 maître(sse) de maison

1 lapin entier (si possible découpé en 8 morceaux)

Sel, poivre noir du moulin

2 bulbes de fenouil

50 g de pancetta ou de lard de poitrine fumé

1 oignon

2 gousses d'ail

Quelques brins de sauge fraîche

3 cuillerées à soupe d'huile d'olive

100 g d'olives noires

25 cl de vin blanc sec

1 Si le lapin est entier, découpez-le ainsi à l'aide d'un couteau bien aiguisé et de ciseaux de cuisine : tranchez les cuisses jusqu'à l'articulation, puis détachez-les ; coupez ensuite le dos en deux et le râble en quatre. Frottez tous les morceaux de sel et de poivre.

2 Lavez le fenouil, puis ôtez-en les feuilles flétries et les grosses côtes. Coupez ensuite ses bulbes en quatre ou en huit, et tranchez le trognon jusqu'à la partie permettant aux feuilles de tenir ensemble. Réservez la verdure du fenouil. Coupez la pancetta en dés. Pelez l'oignon et l'ail et coupez-les très finement. Lavez la sauge, effeuillez-la, et coupez ses feuilles en lanières.

3 Posez une grande cocotte sur le feu, versez-y l'huile et faites-la chauffer. Puis disposez-y les morceaux de lapin côte à côte et faites-les revenir de toutes parts, après quoi ôtez-les de la cocotte.

4 Ajoutez la pancetta, l'oignon, l'ail, la sauge et le fenouil dans la cocotte et faites-les revenir. Ensuite remettez le lapin dans la cocotte avec les olives et le vin, couvrez, et laissez mijoter durant 45 minutes sur feu doux. Avant de servir, parsemez le plat de la verdure de fenouil ciselée.

Préparation et cuisson : 1 h 15, dont 30 minutes de travail effectif
Servir avec des pommes de terre au romarin (voir page 110) ou du pain et une caponata (voir page 109) ou une peperonata (voir page 108)
Calories par part : 800

Pollo alla cacciatora
Poulet chasseur

Les poulets élevés en liberté sont les meilleurs

Pour 4 personnes

1 poulet bien charnu (de 1,4 kg environ)

1 gros oignon, 2 gousses d'ail

1 carotte, 1 branche de céleri

1 bouquet de persil, 4 à 6 feuilles de sauge

40 cl de vin blanc sec

4 cuillerées à soupe de vinaigre blanc (de préférence du balsamico bianco)

Sel, poivre noir du moulin

50 g de pancetta

200 g de champignons de Paris

4 cuillerées à soupe d'huile d'olive

1 petite boîte de tomates pelées (400 g)

1 bouquet de basilic

1 Tenez le poulet sous le robinet d'eau froide et rincez-en bien l'intérieur et l'extérieur, puis essuyez-le à l'aide de papier absorbant. Découpez-le ensuite en 8 morceaux, à l'aide d'un couteau bien aiguisé ou d'un sécateur de cuisine, et rangez les morceaux dans une jatte.

2 Pelez l'oignon et l'ail et hachez-les finement. Pelez la carotte et lavez le céleri, puis coupez-les finement. Lavez le persil et la sauge et coupez-les de même.

3 Mélangez les ingrédients coupés avec le vin et le vinaigre et versez le mélange sur le poulet. Couvrez et laissez mariner dans un endroit frais entre 6 heures et une nuit.

4 Ôtez le poulet de la marinade et essuyez-le. Salez et poivrez. Tamisez la marinade. Coupez la pancetta en dés. Ôtez le pied sableux des champignons, nettoyez le reste à l'aide de papier absorbant, et coupez-les en quatre.

5 Faites chauffer l'huile dans une grande cocotte, ajoutez-y la pancetta, puis faites-y revenir le poulet de toutes parts en plusieurs fois. Après quoi ôtez-le de la cocotte.

6 Mettez les champignons dans la cocotte et faites-les revenir. Incorporez les légumes de la marinade. Coupez les tomates en morceaux et ajoutez-les aux légumes avec 10 centilitres de marinade. Remettez le poulet dans la cocotte, couvrez et laissez mijoter environ 35 minutes sur feu doux. Pour vérifier la cuisson, plantez la pointe d'un couteau dans une partie charnue du poulet : le jus qui s'écoulera doit être transparent. Coupez le basilic en lanières et parsemez-en le plat.

Préparation et cuisson : 1 h 30 (hors marinade), dont 1 heure de travail effectif
Calories par part : 850

Spezzatino di vitello
Ragoût de veau aux raisins

Un plat d'automne

Le raisin n'est malheureusement abordable qu'à l'automne, après les vendanges. Vous pouvez le remplacer par des petits oignons ou des échalotes et des olives vertes.

Pour 4 petits curieux

800 g de veau à braiser (épaule ou sous-noix)

1 oignon

2 gousses d'ail

Quelques brins de sauge fraîche

4 cuillerées à soupe d'huile d'olive

15 cl de vin santo

Sel, poivre noir du moulin

200 g de raisins blancs

1 cuillerée à soupe de beurre

1 cuillerée à soupe de jus de citron

1 Rincez la viande sous l'eau froide puis essuyez-la. Découpez-la en cubes de la taille d'une bouchée, en éliminant les plus gros morceaux de gras et les nerfs.

2 Pelez l'oignon et l'ail, puis hachez-les finement. Lavez la sauge, effeuillez-la et coupez ses feuilles en lanières.

3 Dans une grande cocotte, faites chauffer l'huile puis ajoutez-y la moitié de la viande et faites dorer celle-ci de toutes parts. Ensuite retirez-la à l'aide d'une écumoire, remplacez-la par le reste de la viande et répétez l'opération.

4 Remettez la première fournée de viande dans la cocotte avec l'oignon, l'ail, la sauge et le vin santo. Remuez. Salez, poivrez, couvrez et faites cuire 20 minutes de plus sur feu doux.

5 Lavez et égrenez le raisin. Faites fondre le beurre dans une petite poêle puis ajoutez-y les grains de raisin. Salez, poivrez et versez le jus de citron. Incorporez le tout à la viande. Faites cuire 10 minutes de plus. Enfin rectifiez l'assaisonnement.

Préparation et cuisson : 1 heure, dont 40 minutes de travail effectif
Servir avec du pain blanc frais ou des gnocchi (voir page 86) et un vin blanc sec
Calories par part : 430

Pollo alla diavola
Poulet grillé à la diable

Au barbecue ou au four, pour une soirée conviviale

Si en Italie vous commandez du pollo alla diavola, vous risquez d'être déçu car il n'y est pas toujours très relevé. L'allusion au diable tiendrait plutôt à la couleur très sombre de la viande grillée.

Pour 4 personnes

1 poulet (de 1,1 kg environ)

Quelques brins de sauge et de romarin

2 gousses d'ail

3 ou 4 peperoncini séchés

3 ou 4 cuillerées à soupe de jus de citron

5 cuillerées à soupe d'huile d'olive

Sel

1 Rincez bien le poulet à l'eau courante froide, intérieur comme extérieur, puis essuyez-le et posez-le sur une planche. Découpez-le de façon que chaque moitié ait une cuisse : pour cela, passez un couteau pointu de part et d'autre de la colonne vertébrale, détachez la chair de la carcasse, et tranchez à l'aide d'un sécateur à volaille.

2 Lavez les herbes, essuyez-les, puis effeuillez-les et coupez grossièrement leurs feuilles. Pelez l'ail et écrasez-le au presse-ail au-dessus d'un bol. Pilez les peperoncini au mortier ou effritez-les avec les doigts. Dans ce cas, lavez-vous soigneusement les mains et évitez de vous frotter les yeux pendant plusieurs heures.

3 Ajoutez les herbes, les peperoncini, le jus de citron et l'huile dans le bol d'ail. Salez bien et mélangez avec soin.

4 Versez le mélange sur les moitiés de poulet et étalez-le à l'aide d'un pinceau de cuisine. Puis couvrez le poulet de film alimentaire et laissez-le mariner au moins 2 heures (voire plus, si vous le pouvez).

5 Si vous faites griller le poulet au barbecue, allumez le charbon de bois avec des allume-feu. Jamais d'alcool ! Lorsque le charbon commence à rougir, ajoutez-en une nouvelle couche et attendez que tous les charbons soient rouges. Si vous cuisinez à l'intérieur, préchauffez le four à 180 °C et le gril. Ou préchauffez seulement le four à 200 °C.

6 Posez les morceaux de poulet sur la grille du barbecue tapissée d'aluminium ménager, ou mettez-le sur la lèchefrite et glissez celle-ci dans le four. Faites griller les morceaux 30 minutes, puis retournez-les et faites-les griller 30 minutes de plus. Augmentez la chaleur du four à 220 °C et faites cuire 10 minutes supplémentaires, jusqu'à ce que la peau soit bien dorée. Plantez la pointe d'un couteau dans une partie charnue du poulet : si le jus qui s'écoule est transparent, la viande est cuite. S'il est encore rose, poursuivez la cuisson. Il faut que le poulet soit bien cuit. C'est diablement bon !

Préparation et cuisson : 1 h 30 (hors marinade), dont 20 minutes environ de travail effectif
Servir avec du pain blanc croustillant, une salade mixte et un vin rouge
Calories par part : 575

Pollo al limone
Poulet au citron

Vraiment rafraîchissant

Pour 4 personnes, l'été

1 poulet (de 1,25 kg environ)

3 citrons non traités

3 gousses d'ail

1 brin de romarin frais

Sel, poivre noir du moulin

2 cuillerées à soupe de beurre

1 Rincez bien le poulet à l'eau courante froide, intérieur comme extérieur, puis essuyez-le. Lavez un citron et coupez-le en rondelles. Pressez les 2 autres.

2 Préchauffez le four à 200 °C (chaleur tournante : 180 °C sans préchauffage). Pelez l'ail, puis émincez-le : d'abord en fines lamelles, ensuite en bâtonnets. Effeuillez le romarin. Percez la peau du poulet en plusieurs endroits avec la pointe d'un couteau, sans traverser la chair, et insérez dans les fentes les feuilles de romarin et les bâtonnets d'ail.

3 Frottez le poulet de sel et de poivre. Faites fondre le beurre, sans le laisser se colorer. Incorporez le jus de citron et badigeonnez le poulet de ce mélange.

4 Rangez le poulet dans la lèchefrite, et répartissez au-dessus les rondelles de citron. Glissez la lèchefrite à mi-hauteur du four et faites cuire environ 1 h 20, en badigeonnant fréquemment le poulet de beurre citronné. À la fin du temps de cuisson, arrosez le poulet de son jus. Laissez-le reposer quelques instants, puis découpez-le en morceaux.

Préparation et cuisson : 1 h 40, dont 20 minutes de travail effectif
Servir avec du pain blanc croustillant ou des pommes de terre au romarin (voir page 110), des fagioli all'uccelletto (voir page 108) et un vin blanc
Calories par part : 570

Agnello spezzato
Ragoût d'agneau

D'un raffinement irrésistible

Pour 4 personnes affamées

1 kg d'agneau désossé (gigot ou épaule pas trop grasse)

6 gousses d'ail

2 oignons

4 brins de romarin frais

4 brins de thym frais

1/2 bouquet de marjolaine ou d'origan frais

2 cuillerées à soupe de beurre

2 cuillerées à soupe d'huile d'olive

4 cuillerées à soupe de vinaigre blanc (de préférence du balsamico bianco)

12,5 cl de vin blanc sec

Sel, poivre noir du moulin

1 Ôtez les plus gros morceaux de gras de la viande et dénervez-la du mieux possible (les nerfs sont les membranes blanches qui enveloppent les muscles) : pour ce faire, glissez la pointe d'un couteau sous le nerf, détachez-le et tranchez-le. Après quoi, coupez la viande en cubes.

2 Pelez l'ail et les oignons et coupez-les très finement. Lavez et essuyez les herbes. Effeuillez-les, puis hachez leurs feuilles ou coupez-les en lanières.

3 Posez la cocotte sur le feu, et placez près de la cuisinière une jatte contenant une passoire.

4 Faites chauffer une cuillerée à soupe de beurre et une cuillerée à soupe d'huile dans la cocotte. Ajoutez-y la moitié de la viande et faites-la revenir de toutes parts sur feu vif. Cela fait, retirez les cubes à l'aide d'une écumoire et mettez-les dans la passoire. Procédez de la même façon pour le reste de la viande.

5 Ajoutez l'ail et les oignons dans la cocotte et faites-les revenir brièvement. Remettez la viande, puis versez le vinaigre et le vin. Incorporez les herbes, salez et poivrez.

6 Réduisez le feu, couvrez et laissez la viande mijoter 1 heure, sur feu doux, jusqu'à ce qu'elle soit bien tendre. De temps en temps, ôtez le couvercle et remuez. Si tout le liquide s'est évaporé, rajoutez un verre de vin ou d'eau. Salez, poivrez et apportez la cocotte à table. C'est convivial !

Préparation et cuisson : 1 h 45, dont environ 45 minutes de travail effectif
Servir avec du pain blanc croustillant ou de la polenta, des tomates gratinées et un vin rouge léger
Calories par part : 710

Notre conseil

L'agnello est délicieux avec des pâtes. Dans ce cas, les quantités indiquées sont pour 6 à 8 personnes. Si vous le souhaitez, vous pouvez incorporer quelques tomates coupées très finement.

Agnello al forno

Gigot d'agneau au four

Les légumes d'accompagnement cuisent avec le gigot

Pour 6 invités et 1 maître(sse) de maison

1 kg de pommes de terre

1 kg de tomates mûres

6 cuillerées à soupe d'huile d'olive

1/2 bouquet de romarin frais

Sel, poivre noir du moulin

1 oignon, 5 gousses d'ail

1 citron non traité, 1 bouquet de persil

1 ou 2 peperoncini séchés

1 gigot d'agneau désossé (de 1,2 kg environ)

50 g de chapelure

50 g de parmesan ou de pecorino fraîchement râpé

1 Épluchez les pommes de terre, lavez-les et coupez-les en rondelles d'environ 1 centimètre d'épaisseur. Ôtez des tomates leur pédoncule, puis mettez-les dans une cocotte, arrosez-les d'eau en ébullition, et faites-les blanchir jusqu'à ce que leur peau commence à se détacher. Après quoi, rafraîchissez-les sous l'eau froide et pelez-les, puis coupez en dés leur pulpe.

2 Badigeonnez la lèchefrite d'une cuillerée à soupe d'huile d'olive, puis répartissez-y les pommes de terre et parsemez-les des dés de tomates. Lavez le romarin, essuyez-le, effeuillez-le et mettez les feuilles sur la lèchefrite. N'oubliez pas de saler et de poivrer.

3 Pelez l'oignon et l'ail et hachez-les très finement. Brossez le citron sous l'eau courante chaude, puis essuyez-le, râpez finement son zeste et exprimez son jus. Lavez et essuyez le persil, puis hachez-en finement les feuilles. Pilez les peperoncini au mortier ou hachez-les finement sur une planche de bois.

4 Préchauffez le four à 180 °C (chaleur tournante : 160 °C sans préchauffage). Rincez la viande à l'eau courante froide puis essuyez-la et éliminez-en les gros morceaux de graisse et les nerfs. Mélangez l'oignon, l'ail, le zeste et le jus de citron, le persil et les peperoncini avec 2 cuillerées à soupe d'huile. Salez le gigot, frottez-le de toutes parts avec ce mélange, puis dressez-le sur les pommes de terre. Glissez la lèchefrite dans la partie inférieure du four et faites cuire la viande 1 h 30, en la retournant une fois.

5 Augmentez la chaleur du four à 220 °C (chaleur tournante : 200 °C). Mélangez la chapelure avec le fromage et le reste de l'huile. Étalez cette pâte sur le gigot, puis faites-le cuire 15 minutes de plus, jusqu'à ce que la panure soit bien dorée.

6 Sortez la lèchefrite du four. Posez un grand rectangle d'aluminium ménager sur la viande et laissez-la reposer 10 minutes : cela permettra aux sucs de cuisson de mieux se répartir dans la viande. Transférez le gigot sur une planche de bois et découpez-le en tranches. Servez avec les pommes de terre et les tomates.

Préparation et cuisson : 2 h 20, dont environ 35 minutes de travail effectif
Servir avec du pain blanc croustillant et un vin rouge corsé
Calories par part : 650

Dolci

Comment ? Rien d'autre qu'un amaretti avec le café ?

[Ah !… Les desserts !…]

Reprenons depuis le début : en Italie, on mange la salade avec seulement un peu de vinaigre et d'huile, les pâtes en hors-d'œuvre, le plat principal sans accompagnement, et du poisson plutôt rarement. Ce serait donc cela, le paradis des gourmets ? Un paradis sans dessert, sans même une petite douceur avec le café ? Les Italiens ne mangeraient-ils que des fruits pour conclure un repas ? Et, au mieux, un amaretti avec le café ? Vous dîtes… ? « Pesche ripiene ? » Je ne comprends pas. Et vous n'avez pas de tartes ou quelque chose avec du chocolat ? « Torta al cioccolato » ? Cela sonne bien. Mais… les glaces… pourquoi est-ce toujours si compliqué avec les glaces ? Vous voudriez me faire croire que seule une gelaterista est capable de faire des glaces ? Comment… ? « Granita al caffè, propria produzione » ? Je n'y comprends rien… Va bene, Italia ! Fais donc ce que tu veux. Tant que c'est bon !…

Le plus italien des desserts

Les fruits

Ce sont

- les fruits à noyau comme l'abricot (albicocca), la cerise (ciliegia), la nectarine (pesca noce), la pêche (pesca), la prune (prugna) et la susine ronde, jaune à rouge foncé (susina)
- les baies comme la fraise (fragola), la myrtille (mirtillo), la framboise (lampone)
- les fruits à pépins comme la pomme (mela), la poire (pera)
- les agrumes comme l'orange (arancia), le citron (limone)
- ou bien la figue (fico), le raisin (uva), le melon (melone), le melon d'eau (anguria) et le melon cantaloup (melone cantalupo)

Ils contiennent

- du fructose et de l'acide de fruits, fortifiants et vivifiants
- des vitamines, C principalement, excellentes pour les défenses immunitaires
- du potassium (pour les muscles) : abricot, figue, melon, nectarine ; du manganèse (contre le surmenage) : abricot et myrtille

Ils doivent

- être mûrs et frais ; c'est pourquoi les meilleurs sont les fruits de saison, disponibles juste après la récolte
- continuer à mûrir après l'achat s'ils sont encore « verts ». C'est le cas pour la poire, la figue, la nectarine, la pêche, la prune et le melon ; ce ne l'est pas pour les baies, la cerise, le raisin, le melon d'eau et les agrumes
- avoir été l'objet d'une culture biologique, de préférence

Ils peuvent

- être servis seuls en fin de repas, accompagnés d'un couteau, d'une fourchette et d'eau pour les laver
- être préparés en salade : coupez en petits morceaux trois à quatre sortes de fruits complémentaires quant à la texture, l'acidité et la teneur en sucre. Vous pouvez y ajouter de l'alcool ou du sucre
- seuls ou en salades, être apportés à table réfrigérés mais pas trop froids
- être préparés en glaces
- être employés pour des entremets et gâteaux

5 conseils pour accommoder les restes

Les biscuits

Si vous avez des restes de biscuits et ne savez pas quoi en faire, ou si vous avez dans votre placard une réserve de biscuits avec lesquels vous souhaitiez préparer un dessert à l'improviste, mais qu'une petite souris soit passée par là... choisissez l'une des recettes ci-dessous.

Gelato agli amaretti

Écrasez les amaretti au rouleau à pâtisserie dans un sac à congélation, puis mélangez cette chapelure avec le contenu très légèrement décongelé d'un pot de glace. Remettez le tout au congélateur. Servez en tranches ou sous forme de boules de glace.

Zuppa di cantucci

Dénoyautez 2 nectarines et coupez-en la pulpe en dés. Cassez en morceaux une poignée de cantucci (sorte de croquants). Râpez une plaque de chocolat noir. Dans 4 verres hauts, alternez mascarpone, chocolat râpé, cantucci et nectarine. Arrosez d'une cuillerée à soupe de vin santo (amaretto, marsala), puis continuez à alterner les couches. Les deux dernières doivent être de mascarpone et de chocolat. Réfrigérez.

Torta di biscotti

Écrasez 300 grammes de biscuits à la cuillère dans un sac à congélation. Faites fondre 100 grammes de beurre avec une tasse d'espresso. Incorporez-y 2 cuillerées à soupe de cacao et mélangez le tout avec les biscuits écrasés. Remplissez un moule à manqué de cette préparation, en formant un bord. Réfrigérez 30 minutes. Recouvrez de 1/4 de litre d'entremets à la vanille. Répartissez des framboises, poudrez de sucre, et faites gratiner sous le gril.

Dolci di bruschetta

Trempez 12 tranches de pain blanc rassis dans 3 œufs battus. Faites dorer les tranches dans de l'huile et empilez-les dans un moule plat. Portez à ébullition 12,5 cl de vin rouge avec un sachet de sucre vanillé et 5 cuillerées à soupe de raisins secs. Poudrez le pain de sucre à la cannelle. Ajoutez le vin aux raisins secs et faites cuire 10 minutes au four à 180 °C.

Flan aux biscuits

Cassez en morceaux 150 grammes de biscuits sucrés. Portez à ébullition 10 centilitres de vin moelleux avec 50 grammes de fruits secs, puis égouttez ceux-ci. Mélangez le vin avec 5 cuillerées à soupe de crème et 5 œufs. Mélangez les biscuits et les fruits. Avec cette préparation, remplissez aux trois quarts 4 moules individuels beurrés et sucrés. Arrosez-les de la crème aux œufs, puis laissez reposer 15 minutes. Enfin, faites cuire 45 minutes au bain-marie dans le four à 150 °C.

La saga des gelati

D'où vient la glace ? Nul ne le sait. D'ailleurs, à quoi bon le savoir ? Les Chinois, les Arabes et les Grecs peuvent bien prétendre avoir été les premiers à mélanger de la neige avec des fruits et du miel. De toute façon, ce sont les Italiens qui, une fois de plus, ont poussé cet art jusqu'à la perfection.

Granita (granité)

Comme pour les pâtes et les pizzas, ce sont les Italiens du Sud qui lancèrent la fabuleuse carrière des glaces. Dans la région de Naples et en Sicile, le mélange fruits-miel-neige d'origine est devenu granita, un sirop de sucre fortement aromatisé (avec du citron, par exemple) et congelé. De nombreux bars italiens possèdent des machines à granita.

Gelato originale

Les glaces prirent ensuite leur essor à Paris. Au XVIe siècle, un confiseur sicilien fit goûter à la noblesse parisienne des gelati composés d'une crème aux œufs et d'une purée de fruits, ou de lait aromatisé puis régulièrement brassé pendant sa congélation. Aujourd'hui encore, les choix sont les suivants : glace aux fruits ou au lait, cornet ou coupe (« cono o coppa ? »), et avec ou sans crème (« con panna ? »), celle-ci étant réservée à la glace au chocolat. Selon la tradition italienne, enfin, la glace est servie à l'aide d'une spatule et non moulée à la cuillère à glace.

Sorbetto

Le sorbet est une granita améliorée composée d'une purée de fruits et de sirop de sucre brassés pendant la congélation. C'est également un Sicilien installé à Paris qui fit connaître le sorbet au monde entier.

Semifreddo

Le terme français « parfait » est plus connu pour cette glace semi-prise. Le semifreddo, ou spumone, est facile à préparer chez soi car la crème fouettée ou le beurre incorporés à la crème de base évitent de brasser la préparation.

Crème glacée

Il en existe plusieurs sortes. Une crème glacée classique doit contenir 10 % de matière grasse de lait, tandis qu'une glace aux œufs contient 50 % de lait et 5 œufs ou 90 grammes de jaunes d'œufs par litre. La glace au lait, quant à elle, contient 70 % de lait et la glace à la crème 60 % de crème. La crème glacée aux fruits se compose de 20 % de fruits/10 % d'agrumes, et le sorbet aux fruits de 25 % de fruits/15 % d'agrumes.

Ice-cream américain

Dans le pays où l'on consomme le plus de glaces au monde (les Américains battent tous les records), on apprécie la glace crémeuse et aérienne, sorte de semifreddo battu. Vanille et chocolat y sont les parfums les plus appréciés.

La recette n° 7 de tante Lucia

Mousse de parmesan à la confiture de tomates vertes

Voici une recette très raffinée et pourtant simple, **ne comportant que six ingrédients** qui se suffisent à eux-mêmes. Il s'agit d'un dessert au fromage. Procurez-vous **350 grammes de tomates vertes** (soit environ 2 ou 3), qu'il vous faudra peut-être commander à votre marchand de fruits et légumes.

La suite est des plus faciles : lavez les tomates, coupez-les en dés et mettez-les dans une sauteuse avec le zeste râpé d'**un citron non traité** et **200 grammes de sucre**. Pour la mousse, faites chauffer **20 centilitres de crème** sans la laisser bouillir. Incorporez petit à petit **150 grammes de parmesan râpé** et **150 grammes de ricotta,** et battez le mélange à l'aide d'un fouet à main jusqu'à dissolution du parmesan. Transférez la crème dans une jatte. Mettez des cubes de glace dans l'évier obturé, remplissez-le d'eau froide et placez la jatte dans l'eau. Remuez fréquemment la crème à l'aide du fouet, surtout au moment où, refroidie, elle devient ferme : elle va commencer à mousser. Couvrez la jatte de film alimentaire et laissez-la 2 heures au réfrigérateur. Faites chauffer la sauteuse contenant les tomates et laissez cuire 5 minutes en remuant. Passez les tomates à travers un tamis, puis laissez-les refroidir. Prélevez des boules de mousse au parmesan, garnissez-en des coupes, ajoutez la confiture de tomates et servez avec des grissini. La première bouchée est étrange, mais la seconde et les suivantes sont un régal.

Tiramisù
Littéralement « Remonte-moi ! »

Ce dessert que tout le monde aime peut se préparer sans œufs.

Pour 6 à 8 personnes, après un repas pas trop lourd

37,5 cl de café fort

1 gros citron non traité

500 g de mascarpone

Environ 10 cl de lait

80 g de sucre

2 sachets de sucre vanillé

150 à 200 g de biscuits à la cuillère (ceux du boulanger sont meilleurs que ceux du supermarché. Encore mieux, recette page 102 de notre ouvrage *Pâtisseries entre copains*)

2 cuillerées à soupe de grappa

1 cuillerée à café de cacao

1 pincée de cannelle en poudre

1 Tout d'abord, préparez le café, puis laissez-le refroidir.

2 Lavez le citron sous l'eau chaude, essuyez-le, râpez-en finement le zeste, puis pressez le jus d'une moitié du fruit. Mettez le mascarpone dans une jatte, versez le lait, puis ajoutez le sucre et le sucre vanillé. Mélangez bien le tout au fouet à main, jusqu'à ce que la crème soit lisse et homogène. Incorporez le zeste de citron et une cuillerée à soupe du jus de citron.

3 Tapissez un moule carré de 5 centimètres de hauteur d'une couche de biscuits à la cuillère. Mélangez ensemble le café et la grappa et versez-en un peu sur les biscuits (de préférence à la cuillère, afin de bien répartir le liquide).

4 Lorsque les biscuits ont pris la couleur du café, recouvrez-les d'un tiers de la crème. Couvrez d'une autre couche de biscuits et arrosez à nouveau du mélange au café. Ajoutez à nouveau de la crème, puis des biscuits, puis du liquide, et terminez par de la crème.

5 Mélangez le cacao et la cannelle et poudrez le tiramisù de ce mélange à travers une passoire. Réfrigérez le tiramisù pendant 8 heures de façon que les biscuits s'imprègnent bien de café.

Préparation : 30 minutes (hors refroidissement du café et réfrigération de 8 heures au minimum)
Calories par part (8) : 490

Budino al caffè
Flan au café

Peu de travail pour un effet inégalable

Pour 6 personnes

25 cl de café

1 gousse de vanille

25 cl de lait

170 g de sucre

2 œufs

4 jaunes d'œufs

Cannelle en poudre pour la décoration

1 Préparez le café. Pendant qu'il passe, posez la gousse de vanille sur une planche, fendez-la en deux dans la longueur, écartez légèrement les deux moitiés, et prélevez la pulpe à l'aide du dos de la lame d'un couteau.

2 Mettez la pulpe et la gousse de vanille, le café et le lait dans une casserole. Portez à ébullition. Éteignez le feu et laissez infuser.

3 Préchauffez le four à 150 °C (chaleur tournante : 130 °C sans préchauffage). Prenez 6 ramequins allant au four (d'une contenance d'environ 15 centilitres).

4 Mesurez 80 grammes de sucre et mettez-le dans une petite casserole. Remuez sur feu moyen jusqu'à ce qu'il se liquéfie et prenne une couleur marron doré, pas trop foncé. Versez 10 centilitres d'eau et faites bouillir le mélange jusqu'à ce qu'il prenne la consistance d'un sirop. Répartissez ce caramel dans les moules.

5 Mettez les œufs, les jaunes d'œufs et le reste du sucre dans une jatte, et battez le tout au fouet à main jusqu'à ce que le mélange soit mousseux. Ôtez la gousse de vanille du lait, puis versez celui-ci en filet sur le mélange aux œufs en fouettant sans cesse. Remplissez les ramequins en versant la préparation lentement pour qu'elle ne se mélange pas avec le caramel tapissant les ramequins.

6 Placez les ramequins dans un plat à gratin, puis remplissez celui-ci d'eau chaude jusqu'à mi-hauteur des ramequins. Glissez le plat dans la partie inférieure du four et faites cuire environ 1 heure. Prolongez la cuisson de 10 minutes si les flans ne sont pas encore fermes. L'eau du bain-marie doit frémir, mais surtout pas bouillir. Tenez un récipient d'eau froide près du four pour refroidir le bain-marie, le cas échéant, et vérifiez régulièrement que celui-ci ne bouillonne pas.

7 Ôtez les ramequins du bain-marie et laissez-les refroidir. Glissez un couteau entre les flans et les parois des récipients. Posez une assiette sur le ramequin, tenez fermement l'ensemble, puis retournez : le flan est sur l'assiette. Poudrez les flans de cannelle et régalez-vous.

Préparation et cuisson : 1 h 30 (hors refroidissement), dont 20 minutes de travail effectif
Calories par part : 215

Frutta con crema di mascarpone
Fruits à la crème au mascarpone

Une saveur tout estivale

Pour 4 personnes

1 orange non traitée

1/2 citron non traité

250 g de mascarpone

150 g de crème

100 g de sucre en poudre

Environ 600 g de fruits mélangés (pêches, fraises, abricots et framboises, par exemple)

Cantuccini (biscuits aux amandes)

1 Brossez l'orange et le citron sous l'eau chaude puis essuyez-les. Prélevez le zeste de l'orange et coupez-le en fines lanières. Râpez le zeste du citron. Pressez orange et citron.

2 Mettez le mascarpone, la crème, le sucre en poudre et les jus d'orange et de citron dans une jatte. Mélangez-les au fouet à main jusqu'à obtention d'une crème homogène et suffisamment fluide pour couler lentement d'une cuillère (on dit alors qu'elle « fait le ruban »).

3 Lavez les pêches et les abricots sous l'eau courante. Plongez rapidement les fraises et les framboises dans un récipient d'eau, puis égouttez-les. Coupez les pêches et les abricots en deux et dénoyautez-les. Si vous avez des difficultés à ce sujet, passez la pointe d'un couteau entre la pulpe et le noyau et soulevez celui-ci. Émincez les fruits en lamelles, sauf les framboises, et mettez-les sur un plat de service.

4 Nappez les fruits de la crème au mascarpone, décorez de cantuccini et servez.

Préparation : 25 minutes
Calories par part : 590

Variante :

Fragole all'aceto (fraises au vinaigre)
Lavez avec soin 500 grammes de fraises, petites de préférence, puis équeutez-les. Mélangez-les avec 2 cuillerées à soupe d'aceto balsamico et 2 cuillerées à soupe de sucre et laissez macérer quelques heures. Servez avec la crème au mascarpone.

Panna cotta
Entremets à la crème

Si vous aimez les entremets très fermes, ajoutez 1 ou 2 feuilles de gélatine supplémentaires.

Pour 4 gourmands

1 gousse de vanille, 500 g de crème

50 g de sucre, 2 feuilles de gélatine

3 pêches mûres ou 400 g de pêches en boîte non sucrées

1 cuillerée à soupe de sucre en poudre

2 cuillerées à soupe d'amaretto

1 cuillerée à soupe de jus de citron

1 Fendez la gousse de vanille en deux dans la longueur, puis écartez légèrement les deux moitiés. À l'aide du dos de la lame d'un couteau, prélevez la pulpe et mettez-la dans une grande casserole. Ajoutez la gousse, la crème et le sucre.

2 Faites chauffer la crème. Lorsqu'elle arrive à ébullition, réduisez le feu et laissez frémir 10 minutes.

3 Pendant ce temps, mettez les feuilles de gélatine dans une assiette creuse et couvrez-les d'eau. Laissez-les ramollir pendant 5 à 10 minutes, et préparez 4 ramequins d'une contenance d'environ 15 centilitres.

4 Ôtez la gousse de vanille de la casserole. Sortez une feuille de gélatine de l'eau avec les doigts, égouttez-la et mettez-la dans la crème chaude. Remuez hors du feu jusqu'à dissolution de la gélatine. Procédez de la même façon pour l'autre feuille.

5 Versez la crème dans les ramequins, laissez refroidir, puis réfrigérez environ 6 heures jusqu'à ce que la crème soit suffisamment ferme pour être démoulée.

6 Pendant ce temps, préparez le coulis de pêche. Lavez les pêches fraîches et coupez-les en deux. Dénoyautez-les et coupez leur pulpe en dés. Ou bien égouttez les pêches en boîte et coupez-les en dés. Mettez les pêches, le sucre et l'amaretto dans une casserole et faites chauffer. Couvrez, réduisez le feu, et faites cuire 10 minutes sur feu doux. Laissez refroidir, puis réduisez le tout en purée au mixeur ou au moulin à légumes. Incorporez le jus de citron.

7 Glissez un couteau entre la panna cotta et les parois de chaque ramequin. Pour démouler, posez une assiette sur le ramequin et retournez le tout. Entourez chaque panna cotta de coulis.

Préparation et cuisson : 25 minutes + 6 heures de réfrigération
Calories par part : 480

Pesche ripiene
Pêches fourrées

Peu de travail pour un résultat épatant !

Pour 4 personnes

4 grosses pêches mûres

50 g d'amaretti (macarons) ou de biscuits à la cuillère

2 cuillerées à café de zeste d'orange confit (orangeat)

50 g d'amandes mondées et hachées

40 g de sucre en poudre

1 jaune d'œuf

8 cl de vin blanc sec ou de marsala

1 Les pêches sont meilleures sans peau, mais elles ne sont pas toujours faciles à peler. Si vous avez des difficultés, arrosez-les d'eau bouillante, attendez un instant, puis rafraîchissez-les sous l'eau froide. Pelez-les, coupez-les en deux, puis dénoyautez-les. Prélevez un peu de pulpe à l'aide d'une cuillère, puis écrasez-la à la fourchette ou coupez-la en dés.

2 Préchauffez le four à 200 °C (chaleur tournante : 180 °C sans préchauffage) et préparez un plat à four.

3 Écrasez finement les amaretti (ou les biscuits à la cuillère). Hachez le zeste d'orange confit. Mélangez les amaretti et le zeste avec la pulpe de pêche, les amandes, la moitié du sucre et le jaune d'œuf.

4 Remplissez les moitiés de pêche de cette préparation, puis disposez-les côte à côte dans le plat en veillant à ce qu'elles soient stables. Si le plat est trop grand pour qu'elles puissent se maintenir les unes les autres, aplatissez légèrement la partie inférieure bombée.

5 Mélangez le vin ou le marsala avec le reste du sucre et versez le liquide autour des pêches fourrées, dans le fond du plat. Glissez ce dernier à mi-hauteur du four et faites cuire environ 20 minutes. Laissez tiédir ou refroidir complètement.

Préparation et cuisson : 50 minutes, dont 30 minutes de travail effectif
Calories par part : 240

Notre conseil

Si vous utilisez des pêches en boîte (470 grammes), rangez 8 moitiés dans le moule, coupez finement le reste et incorporez-le à la garniture.

Granita al caffè
Sorbet au café

L'été, il fait concurrence au café après le repas

Pour 4 personnes

1/2 l de café fort

50 g de sucre

1 sachet de sucre vanillé

3 cuillerées à café de cacao

1 cuillerée à soupe de sambuca (facultatif)

300 g de fraises (de préférence petites et aromatiques)

1 cuillerée à soupe de sucre en poudre

1 Préparez le café, puis faites-y dissoudre le sucre, le sucre vanillé et une cuillerée à café de cacao pendant qu'il est encore chaud. Le cas échéant, incorporez la sambuca.

2 Laissez refroidir le café, puis versez-le dans une jatte métallique et mettez celle-ci au congélateur. Laissez prendre la préparation pendant 4 heures en remuant le café toutes les heures.

3 Lavez les fraises, équeutez-les et coupez-les en morceaux. Mélangez le sucre avec le reste du cacao et roulez les fraises dans ce mélange.

4 À l'aide d'une fourchette, cassez la granita en morceaux et remplissez-en des coupes ou des verres hauts. Recouvrez des fraises ou placez-les à côté, et servez.

Préparation : 25 minutes + 4 heures de congélation
Calories par part : 100

Cappuccino ghiacciato
Cappuccino glacé

... ou glace au cappuccino, selon le temps dont vous disposez

Pour 4 personnes plus ou moins pressées

12,5 cl de café fort froid

150 g de crème

3 cuillerées à soupe de sucre

20 cubes de glace

1 pincée de cannelle en poudre

1 cuillerée à soupe de chocolat râpé

1 Mettez le café, la crème, le sucre et la glace dans un mixeur, et mixez jusqu'à ce que le mélange soit homogène (mais pas trop longtemps pour ne pas chauffer la préparation).

2 Vous pouvez remplir tout de suite des verres de cette préparation, mélanger la cannelle et le chocolat, en parsemer les verres, et servir avec une paille et une cuillère.

3 Vous pouvez également mettre le cappuccino une bonne heure au congélateur, puis le servir dans des petites assiettes et décorer du mélange cannelle et chocolat.

Préparation : 5 minutes (+ 1 heure de congélation, le cas échéant)
Calories par part : 160

Gelato al limone
Glace au citron

Frais et fruité

Pour 4 personnes

200 g de sucre

4 citrons

Petites feuilles de menthe

1 Mettez le sucre dans une casserole, ajoutez-y 20 centilitres d'eau, et portez lentement à ébullition en remuant sans cesse. Réduisez le feu et laissez frémir environ 10 minutes sur feu moyen, jusqu'à ce que le sirop de sucre soit épais et marron clair. Laissez-le refroidir.

2 Brossez les citrons sous l'eau courante chaude et râpez-en finement le zeste. Exprimez le jus. Préparez une jatte métallique allant au congélateur.

3 Incorporez le jus et le zeste de citron au sirop de sucre refroidi, puis versez le tout dans la jatte métallique. Mettez la jatte dans le congélateur et laissez prendre environ 4 heures. Plus vous remuerez souvent pendant ce temps, plus la glace sera fine.

4 Servez la glace au citron dans des verres et décorez-la de feuilles de menthe – et, le cas échéant, de rondelles de citron. Dégustez avant que la glace ne fonde.

Préparation et cuisson : 25 minutes (+ réfrigération + 4 heures de congélation pendant lesquelles il faut remuer la glace)
Servir avec de la crème chantilly
Calories par part : 210

Zabaione
Sabayon

Une crème onctueuse à base de vin

Pour 4 personnes pressées

1/2 citron non traité

4 jaunes d'œufs très frais

40 g de sucre

10 cl de marsala sec ou de vin blanc

Un peu de chocolat en poudre

1 Pour préparer un sabayon, il faut connaître une technique que l'on emploie rarement dans la cuisine italienne : le bain-marie. Il faut pour cela une jatte métallique, de préférence ronde, et un récipient dans lequel on puisse la suspendre ou la poser. Remplissez ce récipient d'eau de façon que la moitié inférieure de la jatte soit en contact avec l'eau. Retirez la jatte. Portez l'eau au point de frémissement : elle ne doit pas bouillonner.

2 Pendant ce temps, lavez le demi-citron sous l'eau chaude, essuyez-le, râpez-en finement le zeste et exprimez-en le jus. Préparez 4 beaux verres ou coupes.

3 Mettez les jaunes d'œufs et le sucre dans la jatte métallique. Battez le mélange à l'aide d'un fouet à main. Incorporez le marsala ou le vin et le zeste de citron.

4 Posez ou suspendez la jatte dans le récipient, et continuez à fouetter le mélange jusqu'à ce qu'il soit mousseux, épais et chaud. Comptez pour cela 3 à 5 minutes. Incorporez alors 1 ou 2 cuillerées à café de jus de citron et versez le sabayon dans les verres. Poudrez de chocolat et servez sans attendre : au bout d'un moment, il n'y a plus de mousse.

Préparation et cuisson : 15 minutes
Calories par part : 130

Zuppa inglese
Entremets aux biscuits

Ce n'est pas une soupe et ça n'a rien d'anglais…

Pour 6 personnes, après un repas léger

3 œufs très frais

80 g de sucre

2 sachets de sucre vanillé

4 cuillerées à soupe de farine

1/2 l de lait

150 g de fruits confits (coing, melon, abricot, achetés dans un magasin spécialisé pour plus de goût et moins de sucre)

150 g de biscuits à la cuillère (achetés chez un bon boulanger ou préparés selon la recette page 102 de notre ouvrage *Pâtisseries entre copains*)

Alkermès (liqueur rouge que l'on ne trouve que dans les magasins italiens), ou un mélange de sambuca et de marsala

200 g de crème fraîche

1 Séparez les jaunes des blancs d'œufs : cassez chaque œuf sur le bord d'une jatte, ouvrez la coquille en deux, et faites passer le jaune d'une moitié de coquille à l'autre jusqu'à ce que tout le blanc ait coulé dans la jatte.

2 Mélangez les jaunes d'œufs dans une casserole avec le sucre, un sachet de sucre vanillé, la farine et le lait. Posez la casserole sur feu moyen et faites chauffer lentement le mélange aux œufs, en remuant sans cesse. Faites cuire jusqu'à ce qu'il soit crémeux, soit environ 10 minutes. La crème ne doit pas bouillir : cela ferait durcir les jaunes d'œufs ; il faut donc de temps en temps ôter la casserole du feu, lorsque la température est trop forte. Transférez la crème dans une jatte et laissez-la refroidir. Montez les blancs d'œufs en neige ferme et incorporez-les à la crème.

3 Coupez les fruits confits en dés, puis incorporez-en deux tiers à la crème. Tapissez un moule carré d'une couche de biscuits à la cuillère, puis arrosez d'un peu de liqueur. Étalez la crème sur les biscuits, remettez une couche de biscuits, arrosez, etc. Fouettez la crème fraîche avec le reste du sucre vanillé et étalez-la par-dessus l'ensemble. Parsemez du reste des fruits confits. Après quoi, réfrigérez la zuppa inglese pendant au moins 2 heures.

Préparation et cuisson : 1 h 30 + 2 heures de réfrigération
Calories par part : 420

Conseils

Il existe plusieurs recettes de zuppa inglese. En Toscane, on ajoute dans le moule des couches de compote, principalement de raisin, de pêche ou d'abricot.
Dans le sud de l'Italie, la zuppa est encore plus copieuse : préparez la crème comme indiqué, puis incorporez-y, à la place des fruits confits, 50 grammes de chocolat râpé ou très finement haché et 500 grammes de ricotta fraîche. Dans cette variante, on nappe la zuppa après sa réfrigération : montez en neige ferme un blanc d'œuf mélangé avec une cuillerée à soupe de sucre et un peu de jus de citron. Étalez sur la zuppa et faites cuire à four très chaud (250 °C, chaleur tournante : 230 °C) pendant environ 5 minutes pour que le dessus soit bien doré.

Torta al cioccolato
Gâteau au chocolat

Un vrai péché...

Pour un moule rond de 26 cm de Ø

200 g de chocolat noir

100 g de pignons de pin

125 g de beurre ramolli + 2 cuillerées à café de beurre pour le moule

4 œufs

100 g de sucre

1 sachet de sucre vanillé

50 g de farine

Sucre en poudre et cacao pour la décoration

1 Cassez le chocolat en morceaux et mettez ceux-ci dans une petite jatte résistant à la chaleur. Placez cette jatte dans une casserole et remplissez ladite casserole d'eau à mi-hauteur de la jatte. Faites chauffer sans laisser bouillir. Faites fondre le chocolat en remuant. Ôtez la jatte de l'eau et laissez refroidir un peu le chocolat.

2 Mettez les pignons de pin sur une planche et hachez-les très finement à l'aide d'un gros couteau.

3 Préchauffez le four à 150 °C (chaleur tournante, 130 °C sans préchauffage). Badigeonnez le moule de beurre.

4 Séparez les jaunes des blancs d'œufs : cassez chaque œuf sur le bord d'une jatte, ouvrez la coquille en deux et faites passer le jaune d'une moitié de coquille à l'autre jusqu'à ce que tout le blanc ait coulé dans la jatte. Réservez les jaunes d'œufs dans un bol.

5 À l'aide d'un fouet, montez en neige les blancs d'œufs jusqu'à ce que le mélange soit ferme et légèrement luisant. On procède toujours à cette opération séparément parce qu'ils ne supportent pas la matière grasse, qui les empêche de monter : c'est pourquoi il ne doit y avoir aucune trace de jaune d'œuf dans les blancs que l'on veut battre.

6 Mettez le beurre dans une jatte, ajoutez-y le sucre et le sucre vanillé, puis mélangez le tout en crème à l'aide d'un fouet. Incorporez les jaunes d'œufs par petites quantités, puis le chocolat fondu par petites quantités également. Enfin, incorporez les pignons de pin.

7 Versez les blancs en neige sur la préparation, puis poudrez de la farine. Si celle-ci n'est pas assez fine, tamisez-la. Mélangez bien le tout à l'aide du fouet.

8 Transférez la préparation dans le moule, en grattant bien à la spatule tout le contenu de la jatte, puis faites-la cuire 50 à 60 minutes à mi-hauteur du four. Au bout de ce temps, plantez-y un couteau au centre : s'il ressort propre, la cuisson est terminée. Laissez alors le gâteau reposer 15 minutes dans son moule, puis démoulez-le et laissez-le refroidir complètement sur une grille. Mettez un peu de sucre dans une petite passoire et saupoudrez-en votre œuvre. Saupoudrez-la également d'un peu de cacao.

Préparation et cuisson : 1 h 20 à 1 h 30, dont 30 minutes de travail effectif
Calories par part (16) : 230

Crostata di ciliegie
Tarte aux cerises

Le dessert préféré de Mamma

Pour un moule rond de 26 à 28 cm de Ø

Pour la pâte :

250 g de farine

50 g d'amandes pilées

1 pincée de sel

70 g de sucre

125 g de beurre froid

1 œuf

1 jaune d'œuf

Pour la garniture :

800 g de cerises (de préférence des griottes) + 100 g de sucre, ou 2 bocaux de griottes (poids net égoutté : 350 g)

1 pincée de clous de girofle moulus

1 citron non traité

Pour la dorure :

1 jaune d'œuf

1 cuillerée à soupe de lait

1 Pour la pâte, mettez la farine, les amandes, le sel et le sucre dans une jatte. Coupez le beurre en dés et ajoutez-le à la farine, de même que l'œuf et le jaune d'œuf.

2 Mélangez le tout grossièrement dans la jatte, puis transférez la pâte sur un plan de travail fariné. Pétrissez-la jusqu'à ce qu'elle soit homogène et que l'on ne voie plus aucune trace de beurre. Ramassez la pâte en boule, enveloppez-la dans du papier sulfurisé, et réfrigérez-la 1 heure.

3 Pendant ce temps, lavez les cerises fraîches, équeutez-les et dénoyautez-les. Si vous ne possédez pas de dénoyauteur, fendez-les et ôtez-en le noyau avec les doigts.

4 Faites chauffer les cerises fraîches avec le sucre et la pincée de clous de girofle. Laissez mijoter 15 minutes sur feu moyen (elles ne doivent pas brûler) et sans couvrir pour que le liquide s'évapore. Brossez le citron sous l'eau chaude, essuyez-le, râpez son zeste et incorporez-le aux cerises. Pour les cerises en bocal : égouttez-les et mélangez-les avec les clous de girofle et le zeste de citron.

5 Préchauffez le four à 180 °C (chaleur tournante : 160 °C sans préchauffage).

6 Prenez deux tiers de la pâte et réservez le troisième. Pétrissez-les et ramassez la pâte en boule. Posez un morceau de film alimentaire sur le plan de travail, placez la pâte au centre et recouvrez-la d'un autre morceau de film. À l'aide d'un rouleau à pâtisserie, abaissez finement la pâte en un cercle un peu plus grand que le moule. Ôtez le film alimentaire du dessus, retournez le tout, posez dans le moule et ôtez l'autre film. Appuyez l'abaisse de pâte pour qu'elle épouse la forme du moule, en formant un bord d'environ 2 centimètres de hauteur. Piquez le fond de tarte à l'aide d'une fourchette.

7 Abaissez le reste de la pâte sur une surface farinée et découpez-le en rubans. Garnissez le moule de la compote de cerises fraîches ou des cerises en bocal. Disposez des rubans de pâte parallèles sur la tarte en les espaçant de 2 centimètres. Tournez le moule et placez les autres rubans de façon à former des croisillons. Mélangez le jaune d'œuf et le lait et badigeonnez-en les croisillons. Faites cuire la crostata environ 45 minutes à mi-hauteur du four, jusqu'à ce qu'elle soit bien croustillante. Laissez-la reposer 10 minutes dans le moule, puis démoulez-la sur une grille et laissez-la refroidir.

Préparation et cuisson : 2 h 30, dont 30 minutes de travail effectif (dans le cas de cerises en bocal)
Calories par part (14) : 245

Glossaire

Voici le programme d'été de la toute première école de dolce vita hors d'Italie :

Pour commencer, vous suivrez le cours de langage corporel pour bien vous faire comprendre des Italiens. Vous apprendrez à : gesticuler avec un verre de vin rouge plein à la main, rester élégant en mangeant des spaghetti, hausser énergiquement les épaules, taper affectueusement dans le dos, étreindre amicalement votre interlocuteur.

Une fois cette gestuelle acquise, il vous faudra également parler comme les Italiens. De quoi ? Encore de nourriture ? Non, passons à autre chose. Par exemple :

Affari - Affaires

Pour un Italien, faire des affaires est aussi vital que respirer. Mais jamais pendant le repas ! Ce n'est qu'une fois la bouche essuyée et le caffè corretto sur la table que l'on peut parler affaires. Une façon de justifier la longueur du déjeuner auprès de son patron, en quelque sorte.

Bonne entrée en matière : « Je vous invite, bien entendu ! »

Mauvaise entrée en matière : « Vous m'invitez, bien entendu ! »

Amici - Ami(e)s

Ils sont aussi sacrés que la famille. Avantage : on les choisit soi-même. Inconvénient : on ne peut les traiter aussi mal que ses frères et sœurs. En Italie, hommes et femmes sont fiers de leurs amis et les embrassent régulièrement sur la joue (baci) en signe d'affection.

Dites : « Qui dois-je aimer ou frapper de ta part ? »

Ne dites pas : « C'est ton problème. »

Amore - Amour

Le secret du succès sentimental des Italiens est qu'ils maîtrisent comme personne d'autre l'art de parler et d'écouter. Mais amore est proche de lavorare (travailler), car rencontrer le grand amour (et le conserver) est un travail de longue haleine. Les couples mariés qui s'entendent encore après avoir eu des enfants sont tout simplement adulés en Italie, comme tout ce qui est beau et rare.

Dites : « Je pourrais t'écouter pendant des heures ! »

Ne dites pas : « Tu parles toujours autant ? »

Automobile

Lorsque les Allemands eurent inventé l'automobile, Dieu leur dit : « C'est parfait, mais on ne peut pas faire la course avec cet engin. » Il l'envoya donc aux Italiens, qui la testèrent et inventèrent la Fiat 500 (surnommée Topolino = Mickey Mouse), le klaxon, le passage au feu rouge et le stationnement n'importe où. « Va bene, dit Dieu, mais la course automobile ? » Subito, répondirent les Italiens, qui s'empressèrent de créer la Ferrari de formule 1. Mais comme celle-ci ne permettait pas de klaxonner, de passer au feu rouge ou de mal se garer, ils ne savaient pas très bien qu'en faire. Dieu se tourna de nouveau vers le pays où la compétition automobile était un sport officiel, sans limitation de vitesse ni klaxon ni feux tricolores, et fit appel à Schumacher. Depuis, tout le monde est content.

Dites : « Viva Schumi ! »

Ne dites pas : « Mais fiche-moi la paix avec tes bagnoles ! »

Bambini - Enfants

Pourquoi, dans les vrais restaurants italiens, n'y a-t-il jamais de chaises hautes ni de crayons de coloriage pour les enfants ? Parce qu'un enfant italien digne de ce nom ne reste jamais assis à table. Il court partout en poussant des cris, fait tourner les serveurs en bourrique et joue aux petites voitures avec la langouste qu'il a pêchée dans l'aquarium. En revanche, lorsque le plat arrive, il s'assoit et déguste sagement pizza, risotto, scampi, saltimbocca et tiramisù. Et pourquoi n'y a-t-il aucune photographie d'enfant dans cet ouvrage sur la cuisine italienne ? Eh bien... euh... nous vous promettons que dans le prochain ouvrage de cette collection il y aura une grande fête familiale. Parola d'onore (parole d'honneur).

Dites : « Ton papa, c'est le meilleur ! »

Ne dites pas : « Tu ne devrais pas aller au lit ? »

Calcio - Football

« À mes yeux, les Italiens sont les gens les plus paisibles et les plus pacifiques qui soient. – C'est que tu n'as jamais vu de spectateurs italiens pendant un match de football. – Si, justement. – Qu'est-ce que tu veux dire ? – Eh bien, quand on voit à quel point ils participent, s'échauffent et gesticulent pendant les matches, on comprend pourquoi ils n'ont ni l'envie ni la force de faire la guerre. »

Dites : « Le meilleur c'est Maldini ! »

Ne dites pas : « Ah bon ? Milan a deux équipes ? »

Dottore ! - Monsieur

Formule employée par les restaurateurs italiens pour saluer leurs clients. Elle est généralement accompagnée d'un lancement des bras en hauteur, en signe d'accueil, et suivie d'un coup de patte amical sur l'épaule. Réactions généralement observées :
Dites : « Ciao, maestro » (mais sans tape sur l'épaule).
Ne dites pas : « Nous nous connaissons ? »

Famiglia - Famille

Dirigée par la mamma, elle est omniprésente, que l'on soit deux ou dix, qu'on le veuille ou non. Travailler dans l'entreprise familiale est une véritable preuve d'amour. Tous pour un et un pour tous ! Selon le cas, on veut tout savoir sur les autres ou ne rien savoir du tout. Quoi qu'il en soit, la famille rend fort. Les scènes familiales vont des cris aux rires en passant par le mutisme, les disputes, les caresses, les crises de larmes et le bonheur. Et l'on ne s'ennuie jamais, surtout pendant les repas.
Dites : « J'adore ma maman. »
Ne dites pas : « Je veux sortir avec votre sœur. »

Loren, Sophia

Femme la plus adulée au monde, selon un sondage réalisé en 1999. Elle le sera encore probablement en 2099. Femme, amante, épouse, mère, grand-mère, fille, sœur rêvée des Italiens. Elle a refusé de jouer la scène de la fontaine dans *La Dolce vita* de Fellini parce qu'elle ne voulait pas teindre ses cheveux en blond.
Dites : « Ah !... *Une journée particulière*... avec Sophia ! »
Ne dites pas : « Loren... ? C'est suédois ? »

Macho

Qui a inventé le machisme ?
a) Les Espagnols ; b) Mon frère ; c) Les Italiens
Avec qui aimeriez-vous sortir ?
a) Eros Ramazotti ; b) Julio Iglesias ; c) Woody Allen
Vous aimez chez l'autre :
a) Ses beaux yeux ; b) Ses blagues idiotes ; c) Ses mains soignées
« a » à toutes les questions : 100 points. Vous êtes mûr(e) pour la dolce vita !
« b » à toutes les questions : 0 point. Allez consulter.
« c » à toutes les questions : 50 points. Avouez votre machisme.

Mare mediterraneo - Mer Méditerranée

Mer peu agitée et perpétuellement baignée de soleil entourée de trois continents et dont le centre européen, naturalmente, est italien. Pour les nutritionnistes non italiens, il s'agit là d'un paradis paradoxal dans lequel les gens se nourrissent d'huile d'olive, de vin rouge et de café sans jamais souffrir d'infarctus. « Théorie amusante, répliquent les Italiens. C'est le football qui nous maintient en bonne santé. »
Dites : « Tu veux un verre d'huile d'olive ? »
Ne dites pas : « Serveur, mon minestrone manque de couleur ! »

Occhiali da sole - Lunettes de soleil

Elles donnent une allure élégante et mystérieuse, permettent de reluquer discrètement et prouvent qu'il y a toujours du soleil en Italie, puisqu'on les a en permanence sur le nez.
Dites : « Je peux avoir un autographe ? »
Ne dites pas : « Il n'y a pourtant pas beaucoup de soleil. »

Rumore - Bruit

Celui qui considère les sifflements d'un percolateur, les répétitions de musique rock, les hurlements des spectateurs de football, les cris d'enfants, les jurons des chefs cuisiniers, les bruits de vaisselle, les transistors vociférants et les adieux tonitruants comme des bruits écoute probablement de la musique classique à table et ne connaît certainement rien à la dolce vita.
Dites : « Tous en chœur : cantare ! Oh oh ! »
Ne dites pas : « Est-ce que votre femme pourrait rire un peu moins fort ? »

Toscana - Toscane

Magnifique musée de plein air situé au cœur de l'Italie. Obligation : visite du département d'architecture exposant les principaux monuments de Florence, Sienne, Pise et Lucques. Suggestions pour la suite : promenade dans les oliveraies et les vignobles et rencontre avec les autochtones. Conseil : manger et boire.
Dites : « Les cyprès me rendent toujours mélancolique. »
Ne dites pas : « C'est quoi, ces peupliers bizarres ? »

Ufficio - Administration

Les administrations divisent davantage le pays que les conflits entre le Nord et le Sud, entre les hommes et les femmes, entre le Milan AC et l'Inter de Milan. En effet, la population italienne est répartie en parts à peu près égales entre fonctionnaires assis à ne rien faire derrière un guichet et administrés qui attendent sans rien faire devant un guichet. Selon le lieu, l'ambiance peut alors être à la tranquillité ou à l'énervement. C'est pourquoi il faut toujours repérer où se trouve(nt) le(s) préposé(s) avant de s'exprimer à voix haute.
Dites (il n'y a pas de préposé en vue) : « Figurez-vous que j'arrive tout droit de la perception et que... »
Ne dites pas (un ou tous les préposés sont là) : « Figurez-vous que j'arrive tout droit de la perception et que... »
Dites (tous les préposés présents appartiennent à une autre administration) : « Figurez-vous que j'arrive tout droit de la perception et que... »

Vacanza - Vacances

Ciao bella, ciao bello, et rendez-vous au prochain ouvrage. Nous avons passé un bon moment avec vous, mais maintenant il est temps pour nous de prendre un peu de repos. À notre retour, nous ferons une énorme fête entre copains. Promis !

Index alphabétique

R

S

T

V

Z

L'équipe

Sebastian Dickhaut Idée & conception, auteur des textes
email: dickhaut@zipworld.com.au

Cornelia Schinharl Idée & conception, auteur des recettes
email: cornelia.schinharl@t-online.de

Sabine Sälzer Idée et conception, rédaction & production
email: saelzer@graefe-und-unzer.de

Merci à :

Sybille Engels, Thomas Jankovic, Barbara Bonisolli, Hans Gerlach, Kristina Babics, Alexander Walter, Norbert Hellmann, Sigrid Burghard, Sabine Sälzer, Christa Schmedes, Susanne Mühldorfer, Susanne Bodensteiner

Les modèles « dolce vita » :

Janna Sälzer	Antipasti, Tiramisù...
Pina Sälzer	Panini...
Gabie Schnitzlein	Focaccia...
Markus Röleke	Ravioli...
Christian Finger	Pollo...
Alexander Klingholz	Risotto...

Il y a de la dolce vita dans l'air... L'équipe « de choc » fait une pause pendant les prises de vue.
De gauche à droite : Gabie Schnitzlein, Sabine Sälzer, Annika Möller, Sigrid Burghard

Crédits photographiques

Tomate en couverture : Studio Eising / Martina Görlach

Barbara Bonisolli: photos des recettes et des produits, pages 8-9, instantanés pages 28-29 : affiche, tableau des consommations
Photos produits : pages 41, 55, 74, 76, 84, 85, 90, 92, 119, 140, 143, 147, 148

Image Bank
Sean Justice : homme au bouquet page 28
F Ruggeri : mer page 29

Franz Marc Frei : épicerie pages 29, 115, 150

Roberto Simoni : pages 13 (2), 18, 58, 59, 80, 98

Alexander Walter : photos avec les modèles, pages 3, 7, 16, 22, 42, 62, 64, 65, 69, 135, 157

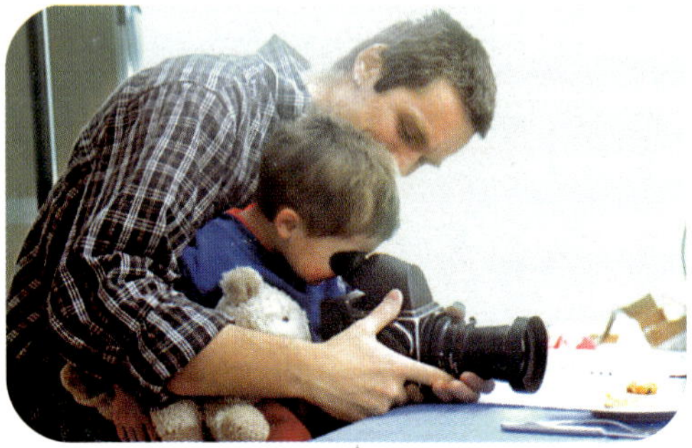

Il y a au moins une bambina dans cet ouvrage : Hannah, qui aide son papa Alex Walter...

StockFood
Studio Bonisolli : pages 14, 78, 82, 114, 130, 158
Studio Eising : page 36
S. & P. Eising : pages 81, 112
Susie Eising : page 24
Bernard Grilly : page 29, homme à la glace
Lehmann, Joerg : page 28, table et chaise
Halsey Creativ Serv. : page 34
Harry Bischof : pages 56, 96
Maximilian Stock : pages 12, 128

Studio Eising/Martina Görlach : pages 28-29 (8 photos : sac, journal, huile et vinaigre, tasse de café, téléphone mobile, spaghetti, carafe d'eau, Averna), 50, 151

Titre original de cet ouvrage

ITALIAN BASICS

Responsable éditoriale
Corinne Césano

Secrétaire d'édition
Serge Gras

Traduction-adaptation
Annick de Scriba

Consultante Italienne
Elisabetta Trevisan

Réalisation
BOOKMAKER, Paris

Mise en pages
Béatrice Leroy

Impression
Grafica Editoriale Printing, italie

ISBN : 2-263-03275-4
Code éditeur : S03275
Dépôt légal : novembre 2003
Suite du premier tirage